ISIA
MEDIA

Никита Кривошеин

ПОДВИГ
переводчика

Воспоминания

2024

Bibliografische Information der Deutschen Nationalbibliothek:
Die Deutsche Nationalbibliothek verzeichnet diese Publikation in der Deutschen Nationalbibliografie; detaillierte bibliografische Daten sind im Internet über http://dnb.dnb.de abrufbar.

ISIA Media Verlag, Leipzig 2024

Дизайн обложки и верстка: ORDEN COMPANY LTD, Praha/Inna Barabash
При оформлении обложки использованы фотографии из личного архива автора.

Printed in Germany

ISBN 978-3-910741-43-0

И я сжёг все, чему поклонялся,
и поклонился всему, что сжигал.

К 90-летию автора.

Иван Толстой

Из чрева китова: готовый синопсис

Если бы жизнь Никиты Кривошеина не была столь невероятным, почти голливудским приключением, ее, по известной присказке, стоило бы выдумать – в назидание потомкам и в разрушение шаблонов.

Камера, мотор: семилетний парижский мальчик, внук бывшего министра, сын обожающих и благополучных родителей, бежит открывать дверь на звонок в квартиру: «Хенде хох!». Отца арестовывают.

«Барышня-крестьянка»

Через три месяца его из концлагеря отпускают, и (рушить стереотипы, так уж рушить) начальник концлагеря сам захаживает к отцу пить чай. Но отец – Игорь Александрович Кривошеин – уже связан с подпольем, с движением Сопротивления, с матерью Марией. Он спасает евреев, переправляет в Испанию сбитых летчиков, с невероятным риском добывает военные секреты и помогает генералу де Голлю. В 1944-м его арестовывают, пытают, он проходит Дахау и Бухенвальд, его освобождают американцы, он награжден Медалью Сопротивления.

И этот человек – «одну Россию в мире видя» – берет после войны советский паспорт. С ним его и высылают из Франции на гребне холодной войны. Семья следует за ним. В последнюю минуту 14-летний сын Никита в каком-то пароксизме адского предчувствия мечтает о побеге из мчащегося такси. Он понимает, что не увидит Франции больше никогда. Резко оборачивается: в заднем стекле убегающий Париж. Но поздно: вот и вокзал. Капкан. Путь на родину начался. Конец первой серии.

Всё остальное можно вытерпеть, если знаешь финал истории, какой-никакой хэппи-энд. Потому что серия за серией нагнетаются слои бесчеловечности, нищеты, унижения, разочарования, осознания глобальной ошибки: «Я мечтал вернуться в Россию, – говорил отец Никите, – а приехал в Советский Союз». В 1949-м Игоря Александровича арестовывают в Ульяновске, дают десять лет за «сотрудничество с мировой буржуазией», он проходит Марфинскую шарашку (вместе с А. Солженицыным и Л. Копелевым), Озерлаг на Тайшете и внутреннюю тюрьму МГБ.

Никиту между тем, вопреки нашим сегодняшним представлениям, принимают в московский Институт иностранных языков – и даже заключение отца этому не мешает. Но в 1957 году, в разгар венгерских событий, он передает французскому журналисту свою анонимную статью для газеты «Монд», КГБ его вычисляет, и он получает три года лагерей. Тем, кому хрущевская эпоха кажется временем беспечной оттепели и заливистого смеха, будут любопытны детали этого псевдовегетарианского ГУЛАГа. Отец – на свободу, сын – в лагерь. Чем не вторая серия?

Послелагерное Никитино десятилетие между 1960 и 1970 годами (запрет жизни в Москве, прописка в Малоярославце) – еще одна парадоксальная пора взаимоотношений власти со своими же законами. Недаром диссиденты-шестидесятники призывали правительство уважать «свою же Конституцию». Никите Кривошеину нельзя жить и работать в столице, но власти не могут обойтись без уникального русско-французского переводчика, и в обход всем своим же запретам его нелегально зовут на всевозможные встречи с министрами, президентами, главами корпораций и прочими приезжими боссами, закрывая глаза на судимость драгоценного синхронщика. Нельзя – но очень уж нужно. Вся Россия в этом парадоксе.

В 1971 году Никите Игоревичу первому из кривошеинской семьи удается вырваться обратно во Францию, и он, как теперь говорится, бесшовным образом переносит свою переводческую деятельность в Париж. Да, пароксизм вдруг предвиденного ада в парижском такси 1948 года обернулся кошмарной четвертьвековой явью, но счастливчику удалось вырваться из чрева китова. Через несколько лет родители тоже покидают Москву и семья воссоединяется во французской столице.

Мать Никиты Нина Алексеевна (урожденная Мещерская) назовет свою книгу воспоминаний «Четыре трети нашей жизни»: старая Россия, межвоенная Франция, советские испытания и снова Париж.

Своей книге Никита Игоревич дает заглавие не по политической географии, а по своему главному делу: «Подвиг переводчика». Если читатель ухмыльнется перекличке с «подвигом разведчика», то будет прав: именно профессия двуязычного рассказчика и стала идеальным оберегом в хождении по адовым кругам, помогла выстоять и сохранить чувство достоинства, свела его с интереснейшими людьми, показала невероятные кулисы политических событий.

А нам, читателям, подарила в качестве бонуса целый букет историй, культурных и психологических наблюдений над человеческой природой. Многие ли догадываются, какие драмы таятся за профессией синхрониста? Я выписал себе несколько ярких цитат:

«Поскольку я рассказываю о феномене синхрониста, то уточню, что помимо моего колыбельного двуязычия во мне сидело то, что должно быть у каждого синхронного переводчика, хотя я сам до определенного момента этого не знал: компьютерное программное обеспечение молниеносного перехода из одного полушария в другое. О трехъязычии мало кто говорит, его почти не существует, поскольку человек устроен бинарно. Можно выучить хоть пять языков, но на родных языках снятся сны поочередно, на них можно вести устный счет. На выученном языке ни того, ни другого нет. Люди по-настоящему бывают только двуязычными».

«Профессия синхронного переводчика была основана русскими эмигрантами Константином Андрониковым и Сергеем Самариным. Колыбель синхрона – Нюрнбергский процесс и, частично, первые сессии Генеральной ассамблеи ООН.

Все зачинатели русского синхрона были выходцами из дворянских эмигрантских семей, их родители говорили на нескольких языках. Мои мама и папа читали и говорили свободно по-немецки, по-французски и по-английски... и, конечно, по-русски».

«Память переводчика имеет свойство самоочищаться: всё, обработанное мозговой программой мгновенного

перехода с одного языка на другой, уничтожается. Всё забывается. Если бы сознание хранило подробности устройства европейских газопроводов или особенности правоприменения в Молдавии, то места бы не оставалось ни книгам, ни ландшафтам, ни самому себе. Так что синхронисту не составляет особого труда сохранять профессиональную тайну – она сама убывает в Лету».

«Парадоксальность моей профессии заключается в том, что синхронный переводчик может переводить даже то, чего он не знает. Я помню, как меня повезли на большую конференцию, где речь шла о космогонии и о её физических аспектах. Легко догадаться, что эта тема была мне совершенно незнакома: научные слова, особые определения, формулы, но я переводил гладко, люди слушали и понимали то, что говорил их собеседник, а я ничегошеньки не понимал. Ведь язык – абстрактная структура, не обязательно связанная семантически со смыслом».

В киносинопсис такие цитаты, разумеется, не вставишь, но они – залог огромного опыта, культуры, честности и понимания, вынесенных из чрева китова и сформировавших удивительную личность Никиты Игоревича Кривошеина.

Ольга Седакова[1]

Навык умолчания по наследству

Я хочу начать с благодарности автору этих записок и воспоминаний, Никите Игоревичу Кривошеину. Так обычно не начинают вступительные заметки, но это первое, что мне приходит в голову в связи со всем, что написал, пишет и рассказывает Н.И. Кривошеин[2]. Я уверена, что с тем же чувством благодарности закончат чтение те, кто откроет эту книгу. Она передает тот опыт жизни в истории, о котором необходимо знать всем и о котором мало кто из переживших что-то похожее оставил свидетельство.

Один из самых впечатляющих эпизодов книги – рассказ о молчании на улицах Москвы 1952 года, о каком-то все-

---

1 Ольга Александровна Седакова (род. Москва, 1949) – поэт, прозаик, переводчик, филолог. Кандидат филологических наук, доктор богословия, старший научный сотрудник Института мировой культуры МГУ. Среди многочисленных международных наград – Премия Данте Алигьери (Рим, 2011).

2 Говоря «написал», я имею в виду прежде всего книгу: Никита Игоревич Кривошеин «Дважды Француз Советского Союза: Мемуары, выступления, интервью, публицистика.» (2016), а говоря «рассказывает» – беседы Н.И. Кривошеина «ГУЛАГ прямо здесь», записанные «Мемориалом» в 2023 году.

поглощающем молчании: «…и что меня всегда поражало, что вся эта движущаяся масса была молчащей. Я, который помнил Париж в самые разные годы, даже во время войны, ничего подобного не мог представить. Москва в часы пик, метро, улица Горького, гуляющие с детьми в выходные дни, парки, трамваи, троллейбусы … люди шли, ехали, и между ними не было ни разговоров, ни обращения к друг другу, ни насвистывания, ни смеха, даже в парках, где играли дети. Это молчание было висящим в воздухе, страшным, даже угрожающим, оно более чем правдиво и полностью отражало состояние людей, да и всей атмосферы». Нужно было быть человеком «не отсюда», чтобы так увидеть немоту этой жизни, которая для «местных» была совершенно привычной и внимания на себя уже не обращала. «Местные» слишком хорошо знали, чего может стоить мимоходом брошенное (и кем надо услышанное) *не то* слово и даже смех или насвистывание не к месту.

Навык этого молчания (иначе не выживешь!) передавался по наследству. Так молчали не только на улицах, но и дома, в собственной семье. При этом и о самом молчании следовало молчать.

– Какое еще молчание? С чего вы взяли? Всё в порядке.

Н.И. Кривошеин не просто оглашает то, о чем молчали десятилетиями: боюсь, что, и взявшись рассказывать, *такое* и *так* мало кто из его современников мог бы рассказать. Этот мир оставался не просто замолчанным: его обитатели, как это ни удивительно, его вообще не видели. На его месте они видели что-то другое. Их научили не видеть и не понимать того, что с ними на самом деле происходит (так поработал, словами Кривошеина, «калечащий процесс выковки нового человека, homo soveticus»). Чтобы увидеть это так, как Кривошеин («густота изуверства и язычества», замечает рассказчик о том, как у него принимали экзамен по марксизму), нужно было иметь чем смотреть. Четырнадцатилетнему подростку, «потомственному дворянину Симбирской губернии», внуку министра земледелия в столыпинском правительстве, рожденному в Булони, воспитанному в православии, привезенному родителями-репатриантами в послевоенный Советский Союз[3], было *чем* смотреть. У него уже сложился свой образ того, что такое «человек» и «человеческий мир», что такое «я», утраты которого можно бояться («мой страх за себя и за свой ум», как пишет Кривошеин). Ему не пришлось выкарабкиваться, выламываться из пещеры советской индоктринации, как описывает собственный путь А.И. Солженицын. Он изначально был другим.

Вот, что он узнаёт как свое, как остров человечности в страшной Москве: «В эти же дни я пришел в близкий мне дом, он был мне во всем своим, здесь висели фотографии Шартрского собора, стояли томики Блока, собрание Пруста по-французски – это был дом Нины Константиновны Бруни, дочери Бальмонта…». Легко представить, что для такого человека в «прекрасном новом мире» места не предполагалось. Видение «слепящей тьмы», черной бездны, явившееся мальчику на Елисейских полях в машине, покидающей Париж, – сильнейшее место среди всего рассказанного в книге. Мальчик понимает, что это знак, что это об их будущем, о чем-то близком к гибели и что надо немедленно спасаться – и ничего не предпринимает.

[3] О славном роде Кривошеиных, о деде Никиты Игоревича, его отце, матери (авторе замечательной книги мемуаров «Четыре трети нашей жизни»), о его дяде – архиепископе и православном богослове Василии Кривошеине читатель может коечто узнать из самой книги. В интервью, вошедших в книгу, Н.И. Кривошеин объясняет и причины, по которым семья репатриировалась.

То, что встречает семью на исторической родине (и даже раньше, уже на пароходе, везущем реэмигрантов на родину, далее фильтрационный лагерь и т. п.), расшифровывает это видение. Так происходила встреча «старой» России с новым миром, уже тридцать лет как вытеснившим ее с земли. Так этот мир встречал зазванных им гостей. Мытарства отца, мучения матери, лагерные сроки отца и сына… «У Игоря Александровича, моего отца, жизнь которого складывалась из двух триллеров, трех детективных лент и пяти фильмов ужаса», пишет Н.И. Кривошеин. В его записках о собственной жизни в СССР жанров еще больше: здесь и приключенческая повесть, и даже плутовской роман (истории о том, как рассказчик перебирается из Ульяновска в Москву, как он вопреки невозможности поступает в институт, как оказывается одним из основателей синхронного перевода, как переводит выступление М.С. Горбачева, ни слова из которого не слышит), и главное, как мне кажется, – это роман не-воспитания. Роман воспитания, один из классических типов европейского романа, имеет своим сюжетом становление молодого героя в «школе жизни». В рассказах Н.И. Кривошеина этот сюжет удивительным образом перевертывается. Задача героя – не пройти эту «школу не-жизни», школу парализующего страха (как, например, перевоспитанный преподаватель «музлитературы», который под анестезирующим действием алкоголя вслед за тов. Ждановым «проклинает Шостаковича с Прокофьевым»), не предать своего, «ядовитых семян любви к свободе». Из цитат, от которых мне трудно отказаться, читатель представит себе общий тон повествования: ясное решительное письмо, очаровательная ирония (чаще всего в свою сторону) и большая серьезность в главном.

Приведу еще одну большую цитату: это важный момент в «романе не-воспитания», точка, в которой для повествователя (ему в это время, вероятно, 15 лет) собственная позиция окончательно прояснилась. Митинг по случаю смерти тов. Жданова: «…На огромную площадь в Ульяновске со статуей Ленина согнали большую толпу. Там стояла фанерная трибуна, выкрашенная в дурной красный цвет. И на ней человек пятнадцать в одинаковых пальто и в шляпах, одинаково одутловатые и безликие, по бумажке читали о своей скорби по покойному. Это походило на страшный театр. В этот момент мне стало ясно, что всё бесповоротно плохо». Излишне говорить, что для того, чтобы из года в год не поддаваться этой школе не-жизни, требовалось большое мужество и постоянная умственная бодрость. И еще одного урока Н.И. Кривошеин не выучил в этой школе: презрения и ненависти к соотечественникам. В этом ему помогло, как он пишет, заключение в мордовском лагере. Именно здесь, в заключении, он встретил живых и свободных людей. Встречал он и потом, на воле, «носителей „блуждающего“ безмолвного добра». Вывод его такой: «Полностью вытравить совестливость у большевиков не получилось. … Предположу, что советская власть развалилась во многом из-за этой неудачи».

Развалилась ли? И если да, то что это за жуткий колосс, который у нас на глазах поднимается как из-под земли?

Н.И. Кривошеин не раз повторяет, что понимает происходящее как долгий переходный период, который начался со смерти Сталина, в марте 1953 года, и продолжается, с отступлениями и «досадными паузами». Сегодня мы видим, как молчание, описанное Н.И. Кривошеиным (с чего я начала мои вступительные заметки), опять водворяется повсюду. За слово вновь приходится платить годами заключения. Реабилитация сталинизма, по существу, завершена. Общество «Мемориал», для которого Н.И. записал свои прекрасные беседы, признано иноагентом и ликвидировано. Работа множества людей и разных объединений, которые трудились над тем, чтобы этот переход осуществился, разрушена и запрещена. Перечислять всё «бесповоротно плохое», явившееся и занявшее доминирующее положение в стране за последние годы, я здесь не буду. Книга, о которой мы говорим, не об этом. Но, может быть, и об этом тоже. То, что пишет, то, о чем рассказывает Н.И. Кривошеин, оставляет читателя (меня) в тяжелом и не находящем выхода «состоянии надличного горя»[4]: как все эти неслыханно жестокие, беззаконные, унижающие всё человеческое дела остались у нас по существу неосужденными? Я не говорю о мести и расплате. Идти по пустыне, как все помнят, можно и 40 лет, но море переходят однажды и навсегда.

[4] Я имею в виду прекрасные слова Н.И. Кривошеина «состояние надличного счастья», которое он впервые пережил в 1953 году. Для нас оно наступило в августе 1991.

Протоиерей Андрей Кордочкин[5]

Перевод прошлого на настоящее

«Человек-эпоха» звучит пафосно, но найти другие слова, чтобы описать Никиту Игоревича, мне трудно. Он известен как прекрасный **переводчик**, но в моей жизни он играет другую роль. Он переходит из одной эпохи в другую и **переводит** меня вместе с собой.

В одном из интервью Никита Игоревич говорил, что помнит два исторических события: освобождение Парижа в 1944 году и смерть Сталина в 1953-м.

Помнить – это больше, чем просто не забыть. Помнить – это означает видеть современность в свете истории.

---

5 Протоиерей Андрей Кордочкин, доктор богословия, православный публицист.

Помнить об этих событиях – это утверждать, что диктатура как форма разложения личности всегда будет приводить к войне, потому что война – это идеальная среда для диктатора, в которой разрастается его воспаленное самосознание.

Помнить ГУЛАГ и делиться своими воспоминаниями – это означает обличать современных нам судей и истинных садистов, даже не делая прямых отсылок к их именам и именам современных политзаключенных.

Помнить – это призыв к каждому из нас не быть слепым сегодня.

Никита Кривошеин **переводит** нас собой в новую эпоху, к новой диктатуре и к новой войне, и учит нас в ней жить. Он говорит, что это возможно, и показывает своим примером, как это делать. Когда он говорит о том, чему он был свидетелем, это кажется простым и естественным, но легко пропустить очевидное. Он говорит об ужасах прошлого в прошедшем времени. Это значит, что и мы будем говорить о нынешней диктатуре и войне как о завершившихся. Но когда придет время и мы скажем «я помню», то и нам придется быть готовыми ответить на вопросы. Где ты был? Кем ты был? Сделал ли ты что-то, кроме того, чтобы лишь смотреть и запоминать? Никита Игоревич вспоминает и говорит по праву, будучи вместе со своими родителями совсем не наблюдателем по отношению к оккупированному Парижу или послевоенному ГУЛАГу. Его фигура – это напоминание каждому из нас о том, что человек может иметь волю к тому, чтобы не быть зрителем и статистом даже тогда, когда, казалось бы, изменить ничего невозможно.

Когда в 2019 году издательство «Никея» выпустило мою книгу «Кесарю – кесарево? Должен ли христианин быть патриотом», на ней было посвящение: «Посвящается Никите Кривошеину – русскому патриоту, безродному космополиту и узнику ГУЛАГа». Назвать Никиту «безродным космополитом» было не просто отсылкой к выступлению Жданова в январе 1948 года. Это было моей попыткой обозначить, что Никита Кривошеин **не помещается** ни в одну страну – ни в Россию, ни во Францию. Это означает, что быть русским – по меньшей мере, после Ломоносова и Пушкина – это и означает быть европейцем. Его образ говорит нам о том, что любая попытка при строительстве нового чучхе-режима редуцировать Россию к Московии ведет к удушению и к смерти. Поэтому так нужны русским людям сейчас его воспоминания, его мысли, его образ. Это надежда, это кислород.

Никита Игоревич, не оставляйте нас, **переводите** нас дальше, других проводников-сталкеров почти не осталось. Живите долго!

Никита Кривошеин

(от автора)

К середине 80-х, когда стало все более очевидным, что построение социализма в отдельно взятой стране не состоялось, на вопрос о советском опыте секретарь ЦК КПФ Жорж Марше ответил: «В целом, скорее, положительный итог». Марше жил до конца 90-х, он увидел и осознал провал, но «в целом, скорее, отрицательный итог» констатировать не захотел. Попробуем показать, что итог был не столько отрицательным, сколько катастрофическим.

Мы оказались в 1948 году в Ульяновске (об этом периоде Кривошеинской семьи много написано), и мама моя, Нина Алексеевна Кривошеина (урожденная Мещерская)[6], рассказывала мне, как летом 1917 года она проезжала на еще неконфискованном автомобиле с еще не сбежавшим английским шофером мимо особняка Кшесинской в Петербурге. На балконе стоял человек и что-то кричал. «Генри, – обратилась она к шоферу, – что это такое?» Шофер улыбнулся и сказал: «Не обращайте внимания, он тут каждый день кричит, и его никто не слушает». Толпица была действительно малая. Но, посмотрите, какова была степень свободы слова!

Люди с середины 60-х вошли в «вегетарианский» брежневский период. Позднее его стали называть «застоем», а уже сейчас это определяется как «ностальгическая тоска». Но неужели память так коротка?! Неужели забыли

---

[6] Нина Алексеевна Кривошеина (1895, Екатеринбург – 1981, Париж) автор книги «Четыре трети нашей жизни», 1-е изд., Париж, YMCA-Press, 1984, на французском языке Les quatre tiers d'une vie – Albin Michel, 1987, Paris (последующие дополненные переиздания: 1999 и 2017 гг., «Русский путь», Москва). Эта книга послужила основой фильма режиссёра Режиса Варнье «Восток-Запад» 1999 г.

входные двери коммунальных квартир с десятью звонками (два длинных, три коротких), поликлиники, где очень средне (но зато бесплатно) лечили, магазины, где продавали мясо с костями населению, и распределители, где начальникам раздавали пакеты с говяжей вырезкой... Народ привык не только к выживанию, но и к коррупции и не подозревал ни о своих правах, ни о правовом государстве. Свобода вытравливалась на протяжении жизни нескольких поколений, поэтому, когда СССР закончился, свобода оказалась неудобоваримой. Книги издаются гигантскими тиражами – разные, их можно купить (а не достать, как в СССР), но, раскрыв тот же «Архипелаг ГУЛАГ», человек начинает сомневаться.

И есть резон, ведь не только в столице, но и по всей России люди ходят по улицам, названным именами убийц и палачей русского народа, и таких улиц и площадей полно. Люди видят, как приносят безобразные красные гвоздики (любимый цветок коммунистов) на могилы убийц Государя и заваливают ими восстановленные бюсты сатанинского «отца народов». Странный итог...

Фридрих Энгельс утверждал, что суть истории сводится к соотношению производительных сил и производственных отношений. На самом деле в ходе истории задействованы высшие силы, я их называю божественными или просто Богом, они и содействовали чудодейственно почти бескровному обвалу Советов.

За 70 лет своего существования советская власть провела антиселекцию, устроив массовые расстрелы не только народам России. Она нанесла страшный ущерб Польше (Владислав Гомулка сидел на Лубянке), в Венгрии был повешен Имре Надь, в Болгарии проходил процесс Райчева, в Румынии была казнена Анна Паукер... В соседней с моим отцом камере на Лубянке сидел польский кардинал Вышиньский... Сатана стал мощным. Он разделил народы Индокитая и переплыл океан: Куба, превратившаяся в Остров Свободы, оказалась под тоталитарной диктатурой, с почти нищим населением, без религии, с психушками и лагерями. Перечню стран и причиненных страданий нет конца!

Ведь тоталитаризм рождает зло и отмщение. И не будем забывать, что, когда Советы рухнули, было еще очень много живых палачей, которые не только расстрельные списки подписывали, но и напрямую действовали. Они могли мстить. Но, видно, за последние десятилетия коррозия коснулась и их, а главное, народ устал и не хотел больше крови и баррикад. Поэтому Советы пали как карточный домик. Скажу, что, несмотря на антиселекцию, Империя зла была населена огромным количеством хороших людей, которые отвергли мщение!

По мере того как создавалась эта книга, все новые и новые события опережали нас. Война, которую начала Россия против Украины 24 февраля 2022 года, изменила мир. Легенда об особенностях русской души зародилась на Западе отчасти под влиянием Чехова и Достоевского. Так, постепенно, сформировался миф о так называемой славянской душе. Сегодня, после 24 февраля, о России говорят иначе. За эти полтора года вышло сотни книг о положении в России, о Путине, о его окружении. Французы и весь свободный мир не могут принять того, что они оказались обманутыми. Нападение Путина на Украину осуждают все: от самых простых людей до глав государств. В конце этой книги я анализирую ситуацию, которая может привести к обратным результатам и задачам, не тем, которые ставил перед собой президент В.В. Путин.

RÉDACTION, ABONNEMENTS : Agence, 41, rue Grimaldi - Tél. 93.30.24.17 —

Sur le bout de

1-Interprète de conférences : un métier sans lequel les congrès internationaux manqueraient d'ambition

Solitude et concentration. (Photo Eric Dulière)

Никита Кривошеин за работой.
Интервью для газеты «Monaco-Matin», 1990.

ПОДВИГ ПЕРЕВОДЧИКА

Необъяснимым образом в испанском прибрежном посёлке, где мы с супругой проводим лето уже около 40 лет, в 1986 году продавались советские газеты. Кроме нас любителей этого товара в посёлке не было. Слушали мы и «вражьи голоса», и «Маяк» по коротковолновому японскому транзистору.

Лето 86-го года было незабываемым, каким спустя пять лет стал и август 91-го.

С приходом Горбачева началось ускорение! Практически ежедневно газеты «Правда» (там стали появляться известия) и «Известия» (там начали писать правду) дарили нам передовицы и «перестроечные» интервью. Последовательность этапов ошеломляющей нас гласности в памяти не восстановить: люди, смирившиеся с перспективой тысячелетней советской власти, испытывали от этого чтения настоящий шок. Тут было и про плачевное состояние образования и медицины, и о кризисе коммунизма, и о гнете цензуры, и что нужны настоящие выборы… перечень обзоров очень приблизительный, но их лавинный поток нарастал с каждым днем. От этого возникало забытое (последний раз испытанное в 1953-м – год смерти Сталина, а потом и в 1956-м – год XX съезда КПСС) состояние надличностного счастья.

Между тем было и сопротивление сталинистки Нины Андреевой[7] (кто ее сегодня помнит?), и ругань коммунистов. Прогнозировать развитие событий в СССР мы не решались, но СМИ в эти летние сезоны нами владели безраздельно. Мой очень пожилой отец, побывавший в Дахау и в Тайшете, успел прочесть книгу А. Авторханова «От Андропова к Горбачеву» и пребывал с ословесенным чувством счастья от того, что падение Советов приближалось (он скончался в августе 1987-го).

Французское телевидение в 1989 году повезло меня в Москву переводить так называемый мост для программы «Взгляд». Я был одним из первых, кто выехал из Советов в начале 70-х и посетил уже почти бывший СССР. Краем глаза увидел митинг на Манежной (сюрреально!), пустые магазины, драки за бутылку плохой водки… очевидную необратимость происходящего.

Лето 1989-го. Звонок из Совета Европы: «К нам едет Горбачев. Приезжайте его переводить». Так я на 15 лет обрёл лучшего работодателя всей своей жизни. Работа для ПАСЕ в Страсбурге и Венеции, эти годы были, пожалуй, самыми для меня увлекательными. К тому же в мой день рождения, за завтраком в Совете Европы с Михаилом Сергеевичем, я преодолел условности и заручился автографом первого президента СССР. Хранить вечно!

Позднее мне почти каждый месяц доводилось его переводить: на радио, на телевидении, телефонные переговоры с французским президентом, за столом с министрами. Да и сами мы неотрывно смотрели его выступления во Дворце съездов, разговоры с горожанами, встречи в Исландии и

---

[7] 13 марта 1988 в газете «Советская Россия» была опубликована статья преподавателя Ленинградского технологического института Нины Андреевой «Не могу поступаться принципами» с резкой критикой пьесы М. Шатрова «Дальше... Дальше... Дальше...». Статья стала своего рода антиперестроечным манифестом.

Женеве… Отец перестройки – при сбивах, сбоях, колебаниях, вере в «социализм с человеческим лицом» – стал для нас с супругой Ксенией объектом самых что ни на есть горячих чувств. Уж не говорю о благодарности за освобождение Русской православной церкви от коммунистического рабства.

Память синхронного переводчика имеет свойство самоочищаться: всё, обработанное мозговой программой мгновенного перехода с одного языка на другой, уничтожается. Всё забывается. Если бы сознание хранило подробности устройства европейских газопроводов или особенности правоприменения в Молдавии, то места бы не оставалось ни книгам, ни ландшафтам, ни самому себе. Так что синхронисту не составляет особого труда сохранять профессиональную тайну – она сама убывает в Лету. Однако темп, синтаксис, словарь Горбачёва оставили как бы импринт его личности во мне. Импринт пригодился. Сам себя не похвалишь... как тут не рассказать о моём подвиге.

Ещё до ГКЧП Горбачёв приехал в Париж на два дня. Всю неделю я был занят в ЮНЕСКО. Беседы с ним переводили мои коллеги. А вечером, накануне отбытия Михаила Сергеевича, я согласился перевести его пятиминутное выступление для Первого канала французского телевидения.

Приезжаю заранее, минут за двадцать, усаживаюсь в кабину, с техниками проверяем звук и приём в наушниках, работу микрофона. Выступление должно состояться во дворе резиденции посла на улице Гренель – красивейший особняк, идеальный фон для картинки на экране.

Новости начались с программы пребывания и встреч Горбачева… Все как по Галичу: «сообщает мне дикторша новости про успехи в космической области».

И вот в прямом эфире выступление перед отъездом из Франции президента М.С. Горбачёва. На мониторе возникает знакомый двор, солнечный вечер, посередине в красивом костюме и галстуке стоит Михаил Сергеевич. Он смотрит в камеру и начинает говорить. В моих наушниках ни звука и ни единого слова!

Оторопь, ужас и осознание необходимости мгновенного решения. Открыть дверь кабины и сначала жестами, а потом криком вызывать техников? Но это означает срыв передачи! И согласится ли президент стоять во дворе, пока переналаживают связь, и опять всё сначала повторять? Понимаю, что техники ничего не заметили, монитор и картинка крутятся… Может возникнуть скандал. И какой! Подвиг не слабее матросовского тут же созрел в моей голове: передачу, протокол, телевизионщиков надо спасать.

Рискую собой. Всё говоримое в подобных моментах всплывает в моей памяти. Темп и перебивы вроде бы понятны по губам и мимике Горбачёва. Про мир и про дружбу, и про укрепление сотрудничества, и про традиционную привязанность России к Франции… Леплю шаблон за шаблоном, клише за клише. Трясусь. На голосе это, к счастью, не отражается. Инфернум этот длился минут пять максимум.

Через амбразуру кабины вижу, что техники между собой болтают, похоже, о футболе. Звонков протеста от посольства или зрителей нет. Значит, я врал складно. Конец выступления…

Выскакиваю из кабины, кричу, объясняю произошедшее… У техников немая сцена, как в «Ревизоре». Им предстоит разбираться с коллегами, которые вели передачу на месте.

Еле выслушав их благодарности и комплименты, покидаю здание, иду прямо в кафе, где и надираюсь виски.

Естественно, я этим подвигом не хвалился, рассказывал только самым близким.

Из подобных казусов был еще один смешной. Приехал в Париж премьер-министр Виктор Черномырдин. В первый день проходили переговоры в МИДе, я сидел между ним и премьером Франции, а на второй день синхронил в кабине. Через пару дней звонок из МИДа: «Простите нас, но мы пытаемся понять смысл того, что говорил господин Черномырдин. Вы прекрасно все перевели, но одни слова отрицают другие и смысл – совершеннейшая мешанина. Мы пришлем вам распечатки перевода, а вы нам еще раз растолкуйте, о чем идет речь». Я слушал и, конечно, очень про себя веселился, потому как знал «крылатые фразы» Виктора Степановича: «Принципы, которые были принципиальны, были непринципиальны», «Мы до сих пор пытаемся доить тех, кто и так лежит», «Надо же думать, что понимать» и т.д. Пришлось перекладывать свой прекрасный перевод «абракадабры» на человеческий французский язык.

Поскольку я рассказываю о феномене синхрониста, то уточню, что помимо моего колыбельного двуязычия во мне сидело то, что должно быть у каждого синхронного переводчика, хотя я сам до определенного момента этого не знал: компьютерное программное обеспечение молниеносного перехода из одного полушария в другое. О трехъязычии мало кто говорит, его почти не существует, поскольку человек устроен бинарно. Можно выучить хоть пять языков, но на родных языках снятся сны поочередно, на них можно вести устный счет. На выученном языке ни того, ни другого нет. Люди по-настоящему бывают только двуязычными. Как исключение я знал одного трехъязычного переводчика, это был мой друг – Саша Андреев. Но я никогда его не спрашивал, на каких языках ему снятся сны.

Есть полиглоты, но это разные вещи. Я двуязычен по двум основным причинам: колыбель и среднее образование. С рождения в Париже я рос в двуязычной среде, родители со мной, в отличие от очень многих эмигрантов, говорили на обоих языках, так же как с ними говорили на обоих языках в их петербургском детстве. А аттестат зрелости я получил во 2-й средней вечерней школе рабочей молодежи города Ульяновска. При том что у меня в метрике, с твердым знаком и ятью, обозначено, что отец – «штабс-капитан лейб-гвардии конной артиллерии», а про меня сказано, что я «потомственный дворянин Симбирской губернии». Вот в этой, пардон, «симбирской губернии», я получал свой первый паспорт, в котором было написано «из рабочих».

Несмотря на «компьютер» в моей голове, я не способен к языкам. Освоение языка взрослым человеком и колыбельно-школьное – совершенно разные программы. Вернувшись в Париж, я понял, что если не выучу хорошо английский язык, то не смогу жить: синхронный переводчик без знания английского языка немыслим, а я начал работать в международных организациях (ООН, Совете Европы, ЮНЕСКО и пр.). Тогда я поехал в Лондон, где мне пришлось прожить два года. Погружение в язык было полным! Многие думают, что английский просто выучить, но это ошибочное мнение. Английский Диккенса и Шекспира отличается от языка улицы, но и язык улицы очень своеобразный, произношение слов, с акцентами и «проглатыванием» слогов, может понять не всякий. Я читал в оригинале Диккенса, но мне предстояло изучить не только язык дипломатии, но и язык простого человека из Ливерпуля, и беглую болтовню моей домработницы Мэри...

Прошли два года. Я уже сидел в Лондоне в кабине синхронного перевода, и вот настал день, когда я понял мальчишку, подошедшего ко мне на улице и одним слогом спросившего меня, который час: «Вотстайм?» («What time is it?») – тут я и вернулся в родной Париж и благополучно продолжал сидеть в своих синхронных кабинах, теперь франко-русско-английских.

В СССР в 1956 году я учился в Инязе, но не знал о существовании синхронного перевода. Меня этому в институте не учили, хотя моим советским преподавателям скорее всего было известно, что профессия синхронного переводчика была основана русскими эмигрантами Константином Андрониковым и Сергеем Самариным. Колыбель синхрона – это Нюрнбергский процесс. Князя Андроникова, личного переводчика генерала де Голля, я впервые встретил в Москве, мы вместе переводили. Я был с советской стороны, он – с французской.

В Лиге Наций, основанной в 1919 году в Женеве, была скромная попытка начать синхронный перевод, но она не удалась. Лига Наций практиковала последовательный перевод: 10 минут на одном языке – 10 минут на другом. Переводчик сидел за одним столом рядом с выступающим. Еще не было техники одновременного синхронного перевода, не было кабин с наушниками и переключением на выступающего в зале. Это было связано с электрификацией, радиофицированием, переходом из сети в сеть. Синхронный перевод, как я говорил, зародился на Нюрнбергском процессе и, частично, на первых сессиях Генеральной ассамблеи ООН.

Парадокс профессии – князь Георгий Васильчиков, тоже один из отцов-основателей. Он переводил первые сессии пленарного заседания Генеральной ассамблеи ООН. В жизни он был заикой, но стоило ему зайти в кабину, надеть наушники и начать переводить, как он мгновенно переставал заикаться. Потом снимал наушники и снова заикался.

Все зачинатели русского синхрона были выходцами из дворянских эмигрантских семей, их родители знали и говорили на нескольких языках. Мои мама и папа читали и говорили свободно по-немецки, по-французски и по-английски... и, конечно, по-русски.

Эмигранты были не просто языковой «копилкой», но и людьми, воспитанными в старой России, сохранившими традиции такта, скромности и умения хранить тайны дипломатии, что было необходимо. Международный переводчик, особенно если он обладает правом работы с президентами, получает специальный допуск.

Вот почему после войны в учреждениях ООН, Бюро труда и Организации здравоохранения, так хорошо платили, непомерно хорошо! Надежных и порядочных людей было мало, и их очень ценили.

Прошли времена больших гонораров, а тогда, тем более для эмигрантов, заработки были потрясающие. Потому что почти каждый, тот же заикавшийся Васильчиков, Андроников, Самарин да и другие представители старшего поколения, могли заняться чем-то другим: у них были параллельные профессии, и удержать такого человека на перебалтывании чужих слов можно было только хорошими деньгами.

Сейчас все по-другому! Ушли люди, профессия встала на поток, существуют профессиональные курсы и школы, заработки упали в десять раз, и многим переводчикам нового поколения кажется, что они могут переводить с трех языков на другие четыре. Но переводят плохо.

Моя карьера синхрониста-переводчика началась в Советском Союзе, после смерти Сталина. В Москве собрался с приглашенными иностранными гостями 2-й Всесоюзный съезд советских композиторов. Я много «халтурил», делая письменные пропагандистские переводы, поскольку считал себя политической проституткой: зарабатывал рубли где мог, то в Комитете защиты мира, то в Комитете ветеранов войны или в Комитете советской молодежи. Все эти письменные переводы поступали ко мне от деревянного чекиста по фамилии Осипов, человека совершенно необразованного, но незлого.

Выходим мы как-то с этим Осиповым из особняка на Кропоткинской, где теперь находится Дом ученых, а тогда были все эти «комитеты», и он говорит: «Никита, ты пойдешь на Съезд композиторов и будешь переводить в кабине». Я оторопел: «Что такое кабина?» – «Увидишь, это очень просто: ты слушаешь в наушники на одном языке и одновременно в микрофон говоришь на другом».

Большого Кремлевского дворца тогда еще не было, и съезд проходил в старом здании заседаний Верховного Совета, кабины были в подвальном помещении, рядом с ними ходили двое гэбистов в форме. Кроме меня Осипов взял переводить ныне покойных сестер Нину и Ирину Резчиковых, сказав им то же самое.

Семья Резчиковых была мне хорошо знакома, они, как и Угримовы, были репатриантами из Франции. Ирина Николаевна Резчикова вышла замуж и стала Ириной Николаевной Угримовой. Она вместе с художником Черняевым перевела и выпустила в самиздате «Чуму» Камю. Это была одна из первых самиздатских книг на русском языке.

И вот нас завели в нижнее помещение, в котором были кабины (видимо, ими пользовались для съездов народов СССР). В кабину зашла одна из сестер, Ирина, надела наушники, послушала, помолчала минут десять, потом вынула платочек и стала утирать слезы. Зашла вторая сестра, Нина, которая потом стала очень хорошей литературной переводчицей, тоже помолчала, побагровела, побелела, сняла наушники и вышла из кабины в большом удручении. Зашел я... и мгновенно начал переводить, как будто делал это всю жизнь, и просидел полтора часа один, не отрываясь от микрофона, пока продолжалось это безобразное заседание.

Нина и Ирина меня потом благодарили и удивлялись: «Как ты это сделал?» Ответа у меня не было, я и сам удивлялся. Потом осознал, что это не вопрос знания языков, не опыта в письменном переводе, даже не вопрос двуязычия. Это вопрос компьютерной мозговой программы – она есть или ее нет.

Мне пришлось много лет преподавать синхронный перевод в высших переводческих школах в Лондоне и Париже. Преподавание синхронного перевода – дело бессмысленное. Оно помогает человеку, к этому способному, совершенствоваться – но и только. На приемных собеседованиях сразу видно, получится из человека синхронист или нет, хотя бы по тому, способен он быстро переходить с одного языка на другой, насколько он хладнокровен и сообразителен. Это не связано ни с образованием, ни с общей культурой, это просто редкое свойство человеческого мозга.

Были попытки написания учебников синхронного перевода, но это оказалось не впрок.

Я знал коллег очень хорошо переводящих, но до быстрого думания им было далеко. Это было просто хорошее знание языков. Андроников, один из первых синхронных переводчиков, был для меня образцом быстроумия, великолепного сочетания ума и тонкости знания обоих языков.

Так что хороший, одаренный синхронный переводчик совсем не обязательно качественный письменный переводчик, ведь в письменном переводе возникает фактор времени, обдумывания. В кабине, где этого времени нет, он немеет, молчит и обдумывает. И точно так же, очень редко, синхронный переводчик может хорошо переводить письменно или что-то сочинить сам, поскольку его черепная коробка становится молотильным конвейером.

Скажу о себе: я написал несколько текстов, когда стал постепенно отходить от синхрона. Потом даже книга сложилась; я почувствовал, что могу взять перо, сесть за компьютер и сочинять только спустя год после того, как закончил сидеть в кабинах – настолько моя голова была забита «ниагарой» словес Европейской комиссии о нормах хранения шоколада или Совета Европы о том, как нехорошо сажать людей за убеждения. Всё это оседает и становится мусорным складом в голове. Собственные тексты, даже воспоминания, облечённые в литературную форму, не могут вылупиться под натиском постоянного «шума» многоголосия в наушниках. И очень, очень больших стрессов!

Могу гордиться тем, что студенты меня любили и у меня получилось выпустить в свет нескольких хороших профессионалов. Скажу сразу, что люди этой профессии не совсем нормальные, может быть, и я такой. Это связано с умноженным в разы раздвоением языкового сознания. Человек одноязычен уже в утробе матери, в колыбели: младенцу хочется предмет назвать одним словом, он говорит «мама», но не повторяет с перерывом в секунду «mére».

Господь попросил Адама обозначить словами дерево, корову и цветок. И Адам для каждого нашел одно слово, а не два. И мгновенный переход от одного языка к другому можно назвать даром свыше.

После моего освобождения из лагеря я сразу продолжил работу в кабине. Не нужно удивляться тому, что бывшего з/к стали брать на такую «ответственную работу», поскольку Советам синхронный перевод был абсолютно необходим. Он был необходим для съездов в защиту мира, для съездов передовой молодежи, не говоря о научных и профессионально-технических конгрессах.

Существовало положение о паспортах, статья 38-39, что таким, как я, практически все запрещено. Однако синхронисты режиму были нужны настолько, что чиновники закрывали глаза на то, что я болтаюсь в Москве после освобождения без прописки. Лишь бы кто-то сидел в кабине и переводил.

В 60-е годы я много работал на закрытых просмотрах французских фильмов. Их показывали для советской «элиты» и партийных чиновников, которые, как собаки на сене, с восторгом смотрели французскую классику, но запрещали пускать её в широкий прокат. Эти показы обычно проходили в Москве в Союзе кинематографистов или в Доме творчества кинематографистов в Болшево. Для меня эти фильмы были глотком свежего воздуха, я видел и слышал мою Францию!

Практически с первых кабин я старался выработать отчуждение к человеку, которого перевожу. Я дал себе задание никогда не отождествлять самого себя (переводчика) с говорящим и не соблазняться чувством сакральности власти. Переводчик-синхронист – это ремесло. И я воспринимал это как ремесло, которому иногда сопутствуют курьезные неожиданности.

В конце 1962-го, в разгар хрущевской антицерковной кампании, когда закрывались приход за приходом, духовные школы и семинарии, преследовали священников. В Кремлевском дворце съездов за кабинами переводчиков всегда стояли двое вооружённых чекистов, а двое ходили по коридору. Я перевожу Хрущева в Кремлевском дворце, он что-то там долго с жестикуляциями говорит «за мир», а на сцене длинный стол. И ради этого «мира и борьбы за мир» за столом сидят Фадеев, Шолохов, Симонов и патриарх Алексий I, которому некуда было деваться, он оставался пристяжным власти Советов. Меня тогда поразило, что Хрущев (и это в разгар закрытия храмов, газетных подвалов о том, что Бога нет), закончив свою речь, пошел вдоль стола, дошел до патриарха и поклонился ему в пояс. Вот что значит детство (его воспитывали в православии)!

Переводил я в обе стороны. Всегда была так называемая кабина-пилот, в которой все остальные кабины брали реле, кабина-пилот переводила на русский. Как ни парадоксально, в отличие от своих русскорожденных коллег, я на русский переводил лучше и быстрее, чем они. Я специально себя тренировал на русском, потому что с французского мне и так удавалось переводить лучше остальных. Это закончилось тем, что, когда я вернулся в Париж в 1970-м, меня сразу взяли в русско-французскую кабину в ЮНЕСКО.

Специальность принесла мне много радости, довелось переводить Горбачева, Ельцина, Жака Ширака, Миттерана, Клинтона и прочих интересных людей. Много переводил Жака Ширака, и когда он был мэром Парижа, и когда стал президентом. Он был большой русофил. Мою историю он знал, книгу моей мамы читал, и нам случалось с ним в личной беседе затрагивать темы, которые его волновали. Так же и с президентом Франсуа Миттераном у нас несколько раз были разговоры на отвлеченные темы. Ну, а Жириновский в Страсбурге – это было всегда весело, такого «яркого» оратора коллеги и участники мероприятий впервые слышали на понятном им языке. Мне удавалось переводить его на французский со всеми специфическими нюансами его речи.

У работы синхрониста есть замечательное преимущество: тебя возят по всему миру, селят в хороших гостиницах и хорошо платят. Я обожаю путешествия, и тогда я раза три объездил земной шарик и видел не только кабину и наушники.

В течение 20 лет я много работал для французского телевидения и для французского МИДа. Я считаю счастьем своей жизни, что оба появления Солженицына на французском телевидении я переводил вместе с Константином Андрониковым[8] и покойным Никитой Струве[9] для знаменитой литературной передачи Бернара Пиво «Апостроф». Первая встреча была устроена непосредственно перед президентскими выборами во Франции. Нет сомнений, что в результате всего, что сказал Солженицын, большинство французов проголосовали против социал-коммунистического кандидата. Победил Жискар д'Эстен. Второй раз я переводил Солженицына незадолго до его возвращения в Россию. Как у переводчиков, так и у всей французской интеллигенции Солженицын вызывал глубокое уважение и любопытство.

---

[8] Князь Константин Ясеевич Андроников (1916, Петроград – 1976, Париж), православный богослов, личный переводчик генерала де Голля. См. воспоминания о нем в книге Н. Кривошеина «Дважды француз Советского Союза», 2014, 2016, изд. Христианская Библиотека, Ниж. Новгород.

[9] Никита Алексеевич Струве (1931-2016, Франция), французский русист, переводчик, главный редактор издательства YMCA-Press, Париж.

Кроме того, я никогда не отказывался переводить съезды, конгрессы и выступления на телевидении моих друзей-диссидентов: Эдика Кузнецова, Володи Буковского, Алика Гинзбурга, Лени Плюща, Наташи Горбаневской, Владимира Максимова и многих других. Всегда делал это бесплатно, был рад, что могу принести пользу в борьбе с Советами.

Вспоминается забавный случай. В начале 1980-х меня позвали переводить конференцию, которая проходила в Париже в большом зале гостиницы PLM Saint-Jacques. Со мной в кабине оказалась женщина, которую выписали из СССР. Довольно быстро она поняла, что переводить не может, потому как не знает ни французского, ни английского, а только немецкий и русский. Конференция должна была идти целый день, заменить эту барышню было некем да и сообщать «начальству» о ситуации означало бы подвести всех. Решение ее спасти родилось у меня спонтанно. В моем портфеле оказался набор «антисоветчины», которую я читал в перерывах заседаний: «Русская мысль», журнал «Континент» и «Посев». «Вот как мы сделаем, я буду переводить, но за это вы прочитаете все эти журналы от начала и до конца... времени достаточно». Она с радостью согласилась. В конце дня вид у нее был довольно прибитый. Процедила сквозь зубы «спасибо» и протянула литературу со словами «Все это ложь и неправда!».

Парадоксальность моей профессии заключается в том, что синхронный переводчик может переводить даже то, чего он не знает. Я помню, как меня повезли на большую конференцию, где речь шла о космогонии и о её физических аспектах. Легко догадаться, что эта тема была мне совершенно незнакома: научные слова, особые определения, формулы, но я переводил гладко, люди слушали и понимали то, что говорил их собеседник, а я ничегошеньки не понимал. Ведь язык – абстрактная структура, не обязательно связанная семантически со смыслом.

Однако бывали случаи, когда мне предлагали конференции и я отказывался. Я много и хорошо работал для Международной организации здравоохранения в Берлине. Был увлечен современной медициной, хорошо знал термины и следил за научными открытиями. Но однажды я согласился переводить на большом ветеринарном конгрессе в Берлине! И тут я понял, что кошки и собаки – это не то же самое, что люди.

На Западе существует Международная ассоциация синхронных переводчиков (AIIC), в которую вступают не как в английский клуб, но все-таки с очень строгими рекомендациями опытных коллег и отбором, поскольку она дает определенную марку. Человеку, который состоит в этой ассоциации, доверяют любое трудное задание. Это своеобразный кооператив переводчиков «высшей пробы». После 1991 года «на переводческий рынок» вылилась масса людей из бывшего СССР и Восточной Европы. Многие из них (в основном без специальных дипломов) думали, что если выучить польский, литовский и русский (или некую другую экзотическую комбинацию), то сразу можно попасть в ООН. Но из 98 процентов этих людей не вышло качественных переводчиков, и они наводнили «серый рынок». И, конечно, то, что эту профессию стали преподавать (и выдавать соответствующие дипломы), очень ее девальвировало. Сейчас в Брюсселе сидят люди с дипломами европейских переводческих школ, которые через кабины-реле, через кабины-пилоты переводят с финского на венгерский, с испанского на норвежский, это стало индустрией, было опромышлено то, что некогда рождалось как, не побоюсь этого слова, благородное ремесло.

Моя профессия много раз буквально спасала мне жизнь, если бы не она, не знаю, что стало бы со мной в СССР после выхода из лагеря. И конечно, после моего возвращения во Францию. Наверное, я бы преподавал русский язык, имея на то, по французским дипломным меркам, весьма невысокую квалификацию, в каком-нибудь провинциальном лицее или делал письменные технические переводы, например, об устройстве и принципах работы автомобильного двигателя. Тем, что я вошел в «высшую лигу», я обязан Александру Арнольдовичу Блоку[10], который был главным переводчиком ЮНЕСКО, автором книг об Александре Блоке, о Пушкине, о Мандельштаме; его отец был из еврейской петербургской интеллигенции. И, конечно, я очень обязан покойному Саше Андрееву (внуку писателя Леонида Андреева), которого я хорошо знал, с которым дружил и о котором написал небольшой текст.

Александр Блок и Саша, когда я возник в Париже, заключили со мной контракт и привели меня в переводческую кабину. На третий день работы советский представитель написал на меня ксиву А. Блоку. Потом его судьба довольно забавно сложилась... У него есть сын, писатель Виктор Ерофеев[11], который что-то сочинил для «Метрополя», и его отцу, советскому представителю в ЮНЕСКО, это было очень карьерно неприятно. Так вот, этот безобразный Владимир Иванович Ерофеев[12] на третий день моего пребывания в кабине пришёл к Александру Блоку

---

[10] Александр Арнольдович Блок (1923, Москва – 2019, Франция) – французский писатель русского происхождения, переводчик. Литературный псевдоним Жан Бло.

[11] Виктор Владимирович Ерофеев (род. 1947, Москва) – русский писатель, литературовед, радио- и телеведущий.

[12] Владимир Иванович Ерофеев (1920-2011) – советский дипломат, личный переводчик И.В. Сталина на французский язык.

и сказал: «Мы слышим голос в русской кабине, который не произносит букву «р». Кроме того, Кривошеин активно ведет пропаганду войны». На что Блок сказал: «То, что он не произносит букву «р», – это факт, но, насколько я знаю, он в Москве переводил много и успешно и тоже не произносил буквы «р». А что касается пропаганды войны, то докажите мне, что он это делает при исполнении служебных обязанностей, и я приму самые строгие меры». Тот ушел ни с чем.

Вот так началась моя профессиональная карьера в родном городе.

В возрасте 74 лет я волевым образом прекратил переводить длинные международные и французские профессиональные конференции. Хотя предложения на меня буквально сыпались. Потом года четыре соглашался работать только на телевидении или делать только то, что интересно. Последнее, что было, это работа с президентом Николя Саркози во время грузинской войны и поездка в Казахстан с премьер-министром Франсуа Фийоном. К 80 годам я категорически отказывался синхронить и даже переводить последовательно по той простой причине, что мои компьютерные мозговые системы (я сам это ощущал, хотя коллеги ничего не замечали) начали давать сбой: я стал ловить себя на том, что ищу слово или одно слово говорю вместо другого. И я решил: всё, баста! А я знал людей, которые до конца жизни цеплялись за кабину. Даже знал одного переводчика, который уже плохо соображал, путал один язык с другим, но сам этого не понимал… его коллеги выходили из кабины и между собой перешептывались, смеясь. Он скончался на рабочем месте в возрасте 90 лет, в наушниках, перед микрофоном… В отношении себя я не хотел этого допустить.

Только после того, как моя голова постепенно очистилась от всех накопившихся там норм хранения удобрений, таможенных правил перевозки пива, медицинских исследований и ораторства Жириновского в ПАСЕ, ну, и политических закрытых переговоров, я смог взяться за перо. Только после того, как в моей голове прошла «большая стирка» синхрона, я начал писать, вспоминать и сочинять свои тексты.

В основе текста лежит интервью с Иваном Толстым[13] *на радио «Свобода», 2019 г.*

[13] Иван Никитич Толстой (род. 1958, Ленинград) – сотрудник Радио «Свобода» с 1988г. Обозреватель, историк, автор и ведущий программ «Поверх барьеров», «Мифы и репутации». Автор многочисленных книг и альманаха по истории искусства XX века CONNAISSEUR (см. предисловие к этой книге). Внук писателя Алексея Толстого (по отцу) и поэта-переводчика Михаила Лозинского (по материнской линии), сын профессора физико-математических наук Н.А. Толстого.

Похороны Сталина, 1953.

О смерти Сталина и XX съезде КПСС

В моей жизни мне довелось присутствовать при одном историческом событии, которое мне очень запомнилось – это освобождение Парижа; мне тогда было 10 лет. Другим всемирно-историческим событием был тот день, когда Сталин отправился в то место, откуда он прибыл, то есть к Вельзевулу, в геенну огненную. И если бы этого не произошло, то мы бы с вами здесь не сидели.

Мне было 19 лет, я оказался в Москве и учился в Институте иностранных языков им. Мориса Тореза. Как я туда поступил при сидящем в Тайшете отце, это целая история[14].

С большим трудом я получил место в общежитии, находившемся в центре города, в Петроверигском переулке. По тем временам это было роскошное общежитие, в комнате жило 5 человек (небывалый комфорт!). Студент Петр Евстратов с Урала, с которым я подружился, увы, впоследствии стал сотрудником КГБ (он учился на отделении немецкого языка). Еще в комнате был милый и безликий Михаил Аносов из Западной Сибири. Из Перми – Александр Пепеляев, большой пьяница и любитель баяна. Скоро к нам подселили северного корейца, который не знал ни слова по-русски. Он с нами разговаривал жестами. Впервые в жизни кореец увидел койку, одеяло и подушку. Пе-

[14] См. рассказ «Август 1952-го. Побег из Ульяновска».

ред тем как лечь в кровать, покрутиться в ней, как собака, он вставал по стойке смирно и на своем языке громко наизусть декламировал текст во славу вождя Ким Ир Сена. В первую ночь он проснулся, встал, пошел в угол комнаты и помочился. Пришлось его отвести в туалет и подробно объяснить, как им пользоваться. Я спал на пятой койке рядом с окном.

Москву того времени нам сейчас трудно представить: вечерами пустые и плохо освещённые улицы, почти без машин, а днем толпа была вся однородно черная, мужчины и женщины зимой были одеты в ватники или пальто. Летом впечатление от Москвы немного менялось, но мрачная толпа оставалась прежней. Меня всегда поражало, что вся эта движущаяся масса была молчащей. Я, который помнил Париж в самые разные годы, даже во время войны, ничего подобного не мог себе представить. Москва в часы пик, метро, улица Горького, родители с детьми на прогулке в выходные дни, парки, трамваи, троллейбусы … люди шли, ехали, и между ними не было ни разговоров, ни обращений друг к другу, ни насвистывания, ни смеха, даже в скверах, где играли дети. Это молчание, висевшее в воздухе, было страшным, угрожающим, оно более чем правдиво отражало состояние людей, да и всю атмосферу в стране.

И вот грянул гром среди белого дня, и наступило начало конца, светопреставления. Это не преувеличение. 11 января 1953 года в «Правде» появляется статья о группе разоблаченных «врачей-отравителей». В тот же вечер я оказался в гостях у одной моей однокурсницы, и там был человек (ныне покойный), пятикурсник философского факультета МГУ Михаил Грисман, потом он стал поэтом и печатался в «Юности», «Дружбе народов» под псевдонимом Михаил Курганцев. И вот он сидит передо мной и плачет: «Нам, евреям, советская власть все дала, мы ей всем обязаны, и как же мы её отблагодарили (?!), отравив главных наших руководителей». Я ко времени этих событий уже достаточно трезво воспринимал аресты наших друзей, среди которых было много порядочных людей, в том числе репатриантов. К сожалению, многие из них были одержимы тогдашним патриотизмом. Мое довоенное детство и отрочество в Париже, приезд в СССР, арест отца сыграли вполне «воспитательную» роль в восприятии реальности. Тут я должен себя похвалить, я прервал Михаила и сказал: «Это все не так, это ложь и провокация». Он потом меня через год благодарил. При этом разговоре присутствовало человека четыре, никто не донес.

Когда шло дело врачей, вся Москва была украшена карикатурами и плакатами безобразных Кукрыниксов; один из них недавно в столетнем возрасте скончался, а тогда, после перерыва на ежовщину, они опять взялись за свое дело. Ясно помню изображение в большом формате в журнале «Крокодил»: мускулистая рука МГБ крепко держит за ворот врача-отравителя, а в руке вредителя шприц с ядом; с отравителя падает маска, и отчетливо видно, что лицо под этой маской вполне подходит под «пятый пункт». В тот период я ездил на каникулы в Ульяновск, там произошло несколько самоубийств евреев-врачей.

Вся эта кампания нагнеталась изо дня в день на фоне разгорающейся Корейской войны и призывов, чтобы коммунизм стал всемирным, именно так, как это было изображено на гербе СССР, с серпом и молотом на всем земном шаре. Тогда же вышла передовица в газете «Правда» под названием «Так выпейте стакан холодной воды, Айк

(Эйзенхауэр), и успокойте свои разбушевавшиеся нервы». Каждые 2-3 недели по радио и в газетах сообщалось об испытаниях атомного и термоядерного оружия, нагнетался постоянный страх агрессии с Запада. Народные массы, молчащие, но трясущиеся, вполне осознавали, что дело идет к войне.

В те же дни я посетил семью медика и биолога академика Беклемишева[15], человека редкой образованности, эрудиции и добра, и во время разговора с ним и его женой я понял (по словам и выражению лиц), что они парализованы страхом от царившей паники. Дом, в котором они жили, был кооперативным для сотрудников Академии медицинских наук, и оттуда уже увезли несколько человек по делу врачей, так что Беклемишевы днем и ночью постоянно прислушивались к шороху автомобильных шин, шуму лифта, шагам на лестнице… они ждали!

И вот настало 2 марта, когда по радио вместо передачи «Утренняя гимнастика» стали играть Шуберта и Моцарта вперемежку с вечным Чайковским, а потом все тот же вечный Левитан (от голоса которого вздрагивала вся страна), сдерживая рыдания, сообщил о тяжелой болезни, постигшей товарища Сталина. И такие «сводки» транслировались в течение трех дней, до 5 марта, и, как я уже говорил, все эти сообщения не вызывали, по крайней мере внешне, никакой реакции у народа: было сплошное молчание. Массы затаили дыхание: ни в моем общежитии, ни в институте, ни на улицах, ни в транспорте – нигде люди не обсуждали эти сообщения, народ пребывал в полном ступоре. Только один человек, Владимир Невинный, ныне

---

[15] Владимир Николаевич Беклемишев (1890-1962) – выдающийся советский зоолог, биоценолог, основатель школы медицинских энтомологов. До 1917 года поместья Кривошеиных и Беклемишевых соседствовали.

покойный, он учился со мной в Инязе, был сыном раскулаченных и помнил события тех страшных лет (об этом же помнил и говорил Б.Н. Ельцин), но тогда вслух об этом никто не говорил, так вот этот Владимир, куря со мной на лестнице, тихо, но твёрдо мне сказал: «Скорей бы сдох!».

Он был единственным человеком, от которого я услышал реакцию на происходящее. И мы с ним пошли выпить.

Настало 5 марта, и я не преувеличиваю: в масштабах всей страны и текстильной промышленности СССР не хватило бы мощностей, чтобы произвести достаточное количество носовых платков для советского народа, у которого в одну секунду прорвало *водную плотину*! Было холодно, а если бы стояло лето, то по Москве можно было бы плавать и нужны были бы специальные стоки. Чтобы слезы в них стекали и замерзали… население рыдало!

Такое отвратительное зрелище я видел впервые, мне было ужасно сознавать, насколько эти затравленные люди были заворожены слепым террором! И сила его была в слепоте. Они оплакивали палача, убийцу их отцов, матерей и детей.

Мне захотелось посмотреть на Сталина в гробу. Я не люблю макаберности, но тут все было как в басне у Крылова, когда «осел пинает дохлого льва». Я пошел по Дмитровке и вышел на Трубную площадь, на протяжении всего пути несусветная толпа заливалась рыданиями и потоками молчаливых слез. Уже на подходе к Трубной площади, на бульваре, я увидел несколько грузовиков, набитых войсками с синими погонами и с автоматами наперевес – это означало, что власть уже почувствовала начало конца.

Я посмотрел на это, и интуиция мне подсказала, что нужно отсюда уходить. Спустя часа два или три на Трубной площади объявились Молотов и Микоян, которые пытались уговорить толпу разойтись, но у них ничего не получилось – и тут началась страшная давка. Не помню точную цифру, но погибли сотни человек. Сравнить это столпотворение можно только с фараоновым погребением в пирамиду, куда заодно с ним помещают его жен, слуг, коней и все остальное.

Пошел обратно пешком; на Старом Арбате была шашлычная, зашел и увидел за столиками только одних мужчин, ни одной женщины. Просидел часа полтора, только чтобы надраться, и за это время я не услышал голосов, а только звон стаканов и наливаемой жидкости. Сидевшие мужчины пили в гробовом молчании, мрачно, не поднимая глаз от кружек, без единого слова.

В эти же дни я пришел в близкий мне дом, он был мне во всем своим, здесь висели фотографии Шартрского собора, стояли томики Блока, собрание Пруста по-французски – это была квартира Нины Константиновны Бруни[16], дочери Бальмонта. Нас с этой семьей многое связывало, и я ей обязан очень многим… Так вот, Нина Константиновна тоже была мрачна. Я очень этому удивился, так как со смертью Сталина мне грезился конец ада, а она мне говорит: «Не радуюсь я, потому что вспомнила «Пир Богов» Анатоля Франса, как там старушка молится за тирана, а он ее зовет и спрашивает: «Почему ты за меня молишься, ведь все меня ненавидят и мечтают о моей смерти?», на что старушка отвечает: «Молюсь за тебя, потому что за каждым тираном приходит еще более жестокий». Вот и я, Никита, боюсь именно этого».

Чтобы показать обстановку тех дней, приведу при-

[16] Нина Константиновна Бальмонт-Бруни (1900 – 1989, Москва) переводчик, литератор, дочь поэта К.Д. Бальмонта и Е.А. Андреевой-Бальмонт, жена художника Л.А. Бруни и мать художника И. Бруни.

мер. Я сдавал экзамен по «марксизму-ленинизму» (этот предмет тогда назывался «История ВКП(б)»), и только что, в 1952 году, вышла брошюра Сталина «Экономические проблемы социализма в СССР». Понимая, что за этот экзамен, от которого во многом зависела моя судьба, мне поставят двойку, я выучил текст почти наизусть и пришел сдавать экзамен к доценту Зверевой. После моих исчерпывающих ответов на вопросы она была явно недовольна моим старанием, мрачно посмотрела на меня и вдруг наизусть произнесла длинную цитату из «Проблем экономики», а потом спрашивает: «Ну, а теперь скажите, на какой странице написаны эти слова?»

Страницу я, конечно, назвать не мог, и она мне в ответ: «Не могу поставить вам пятёрку». Вот какая была густота изуверства и язычества!

Итак, страна рыдает, молчит, дрожит от страха и чего-то ждет...

Общежитие, в котором я жил, находилось недалеко от Красной площади, и в день похорон через открытую форточку я слышал буквально вопли заикающегося Молотова и кавказский акцент Берии. А затем события стали развиваться очень быстро, буквально на глазах, в августе 1953-го вышло постановление ЦК КПСС и Совета министров СССР «О режиме рабочего дня в советских госучреждениях и ведомствах». Это постановление запрещало ночную работу, и все были обязаны строго соблюдать новшество.

Я часто возвращался в общежитие пешком очень поздно, иногда в 2-3 часа ночи, через площадь Дзержинского, и, пока шло «дело врачей», весь фасад Лубянки от нижнего этажа до крыши горел огнями: «они» не спали ночами! После выхода этого постановления ночная Лубянка погасла.

И такие признаки перемен появлялись каждый день, неделя за неделей... Маленков взял да и отменил то, что называлось в деревнях «натурналогом». Каждый колхозный двор помимо работы за «трудодни-палочки» должен был отдавать со своего хозяйства кто мешок зерна, кто мясо, овощи, яйца и т.д. Так вот Маленков неожиданно сделал подарок народу. Разрешил оставлять продукты себе.

Ехал я как-то в Ульяновск, сошел на станции Рузаевка и вдруг вижу, как какой-то фольклорный ансамбль (а-ля «играй, гармонь любимая»), состоявший из баб соседней деревни, под гармошку пляшет и поет, радостно привывая: «Нами правил грузин, урожаи увозил, а товарищ Маленков напек пышек и блинков…».

Маленков за эту благую меру снискал такую популярность среди замордованного народа, что в деревнях стали ходить слухи, будто он незаконнорождённый сын Ленина (а потому хороший и понятливый), а другая распространяемая легенда была, что он уверовал в Господа Бога и закончил в результате свои дни церковным старостой под другой фамилией.

Наглядные перемены происходили из месяца в месяц. Я уже упоминал передовицу в «Правде» о «стакане воды», которая вышла незадолго до смерти Сталина, «о разбушевавшихся нервах Айка». Так вот, в отражении внешней политики тон неожиданно поменялся, и в той же «Правде» появилась статья под названием «К выступлению президента Эйзенхауэра», уже не содержавшая никаких издевательств, а вскоре стала сворачиваться и Корейская война.

В 1953 году Пасха была ранней, и в Великую пятницу, я помню, что это было утром, появилось сообщение в газетах о прекращении «дела врачей», закрытии следствия и освобождения из-под стражи осужденных. Иван Бруни, сын Нины Константиновны, пришел в церковь Иоанна Воина и ликующе мне сказал: «Наших скоро освободят!». Я этому не поверил… сидел мой отец, сидело много наших, и о конце ГУЛАГа мечтать не приходилось. Но в 1954 году моего отца после шестимесячного переследствия выпустили, и стали выпускать массово всех репатриантов, не погибших в лагерях.

Толпа перестала молчать. Зазвучала музыка в репродукторах, но это уже были не погребальные Чайковский с Моцартом. Стали танцевать в ресторанах, появились улыбки, разговоры на улицах… И так продолжалось до XX съезда и казалось постепенной нормализацией и излечением. Не только мне, но и многим верилось, что такая жизнь закрепится и не просто проявится «человеческое новое лицо», а произойдёт постепенное очеловечивание страны.

Увы, но очень скоро прозвучала речь Хрущева в китайском посольстве, где он положительно отозвался о товарище Сталине, потом произошли всем известные события в Будапеште. Всем нашим надеждам был положен конец, и ни в какую весну и «шестидесятничество» никто из нас, и я, конечно, уже не верил. «Оттепель» поманила, мелькнула, но оказалась очень короткой.

Доклад Хрущева на XX съезде о культе личности сразу же был опубликован во французской и американской печати, но Советы его объявили фальшивкой: почти никто его в оригинале в СССР не видел, он нигде не был опубликован, но текст читали на партсобраниях в отдельных учреждениях, на предприятиях, в институтах. В нашем институте доклад читали в аудитории перед студентами в течение двух часов при гробовом молчании. Девушки-студентки читали его поочерёдно в полной тишине, никаких последующих обсуждений, никаких вопросов-ответов, даже в коридорах института. Во время чтения я видел, как многие плакали. Доцент кафедры марксизма-ленинизма Пшенко выглядела так, что казалось, ее хватит на месте удар, все профессора и преподаватели этой кафедры были в ступоре, с лицами зеленого цвета, а студенты зашили себе рты. Доклад был издан в виде брошюры в обложке красного цвета с порядковым номером экземпляра и с черным корешком. Книжечку привозили, читали и увозили.

Не только для меня, но и для очень многих моих сверстников события в Венгрии оказались страшным переломом, хотя я разуверился в этом строе еще до ареста отца в сентябре 1949 года. В Ульяновске я побывал на траурном митинге по А. Жданову, который умер в августе 1948 года. На фанерной трибуне с лозунгами и призывами я увидел тамошнюю номенклатуру: стояли носороги в серых пальто и в серых нахлобученных на глаза шляпах, толстые, с белыми мучнистыми отёкшими лицами, и то, что они говорили, отрезвило меня на всю жизнь. Так что я ни в чудесное выздоровление, ни в перемены, ни в аспирин и антибиотики от этого режима не верил.

В 1956 году случился Будапешт, а в 57-м я ничего умнее в те дни уходящей в небытие «оттепели» не придумал, как сочинить письмо о событиях в Будапеште во французскую, как говорили Советы, «буржуазную» газету «Ле Монд». Тогда появились первые иностранные студенты – это тоже было «оттепельным» явлением. С ними можно было разговаривать, с некоторыми из них я дружил, и через одного из них я передал написанную мною короткую статью.

Вычислить автора статьи не составляло труда. Видимо, маленькая квартирка, которую занимали родители после выхода отца с Лубянки, уже тогда была напичкана прослушками. Говорю это со всем основанием, потому как во время моих допросов следователи зачитывали целые монологи моих разговоров с родителями, в основном с мамой, на антисоветские темы.

После окончания Фестиваля молодёжи и студентов, который тоже всем нам казался обнадёживающим, в августе меня арестовали и привезли на Лубянку, откуда три года назад вышел отец; вскоре я оказался в Дубравлаге. Именно туда отправили потом А. Гинзбурга, А. Синявского и многих других политзаключённых. После Венгерских событий было арестовано несколько тысяч человек, брали буквально «ни за что», «за пол-литру»: человек напивался и начинал поносить советскую власть или рассказывал анекдот в дружеской компании. Чаще всего, когда спрашивали, за что сидишь, ответ был «за пол-литру». Сажали за анонимные письма, графологическая экспертиза была прекрасно налажена, узнавали по почерку, а если машинопись, то еще быстрее, потому как пишущие машинки были наперечёт и все под номерами. Человек в этих анонимных письмах выкладывал все, что накипело, и всё против власти. Я уж не говорю, сколько сидело в этих лагерях националистов – латышей, эстонцев, западных украинцев, а еще пятидесятников и просто верующих…

Многих сажали за создание антисоветских организаций, и, как ни покажется абсурдным, среди них были комсомольцы и партийные… Сидевшие со мной относились к группам Льва Краснопевцева[17] и Виктора Трофимова[18],

[17] Лев Николаевич Краснопевцев (1930 – 2021, Москва) – советский диссидент и историк. Будучи аспирантом, секретарём комитета ВЛКСМ исторического факультета МГУ и членом КПСС основал и возглавил подпольный марксистский кружок (1956-1957 гг.).

[18] Виктор Иванович Трофимов (1934 – 1994, Баку) – историк, преподаватель Ленинградского педагогического института, член ВЛКСМ; в ноябре 1956 года в ленинградских вузах и кинотеатре «Октябрь» участники Союза коммунистов-ленинцев («Группы Трофимова») распространили листовки против ввода советских войск в Венгрию.

обе группы раздавали листовки, они собирались вместе, чтобы проникнуться ранним Лениным, поздним Марксом и подлинным социализмом, там они находили идеи романтического переустройства Советов. Но всех их арестовали, и они получили большие сроки, для власти это были не враги из-за бугра, а антисоветчики из «своих», за это власть наказывала их особенно строго, чтобы другим неповадно было.

Мне во время допросов всячески подчёркивали, что я «не свой». Зачитывая мне вслух меру пресечения и мою анкету, следователь сказал: «Из дворян». Я не растерялся: «Позвольте, но ведь один из ваших первых указов был указ об упразднении сословий?» Следователь на меня внимательно посмотрел и ответил: «Извините, это, видимо, машинистка опечаталась». А я ему: «Нет, не опечаталась, я действительно дворянин, а не из «дворян»». Несмотря на то, что я им «своим» не был, срок на меня вешали большой.

Надо возблагодарить небеса и товарища Семичастного, что они собрали в Мордовии людей, я бы так выразился, близких к нормальности и по мыслям мне очень понятных. До ареста я встречал мало людей, близких мне по политическим взглядам, буквально единицы, да и среди них многие боялись говорить вслух. Но тут на зоне Советы сосредоточили людей, способных анализировать и пытающихся вырваться из плена пропаганды. До Мордовии мне казалось, что или я ненормальный, а вокруг все нормальные, или наоборот. По прибытии в лагерь, в общении с политзеками я осознал, что люди на воле в большинстве своем совершенно зашоренные, запуганные и ненормальные, а тут я попал в свой круг. Этому открытию я был безмерно рад!

Вспоминаю черную тарелку радио, висевшую в каждом доме, из которой шла пропаганда и вранье 24 часа в сутки, страх и панику людей, Москву, рыдающую о тиране. Вспоминаю XX съезд, отметивший переходный период как бы нормализации, и следующий отрезок времени, начавшийся в конце 1980-х, когда страна почувствовала свободу.

Теперь мне кажется, что страна до сих пор пребывает в многодесятилетнем перестроечном осознании СССР, но будем ждать и надеяться на окончательные перемены.

От ревизионизма до сопротивления

Время между мартом и октябрем 1956 года

Снятие Молотова накануне приезда Иосипа Броз Тито. Ежемесячник ЦК «Коммунист» помещает теоретическую статью Эдварда Карделя о самоуправлении предприятий. Рождается миф о «человеческом лице коммунизма».

В него, как это ни парадоксально, верят молодые люди, ищущие единого Weltanschauung (нем.: мировоззрения) в двух крайностях социалистического лагеря: в Белграде (самоуправление и почти отсутствие цензуры) и в Пекине, где заложен сад «ста цветов» (урожай соберут позже, да ещё какой!). Из ГУЛАГа возвращаются первые реабилитированные. При освобождении их заставляют подписывать обязательство о неразглашении пережитого ужаса. Но они ищут, находят друг друга, и у них появляются слушатели не только на кухнях, но и на улицах. Матисс и Сезанн возвращаются на свои бывшие места в Пушкинском музее, откуда они были вытеснены постоянной выставкой подарков трудящихся всего мира к 70-летию товарища Сталина.

Атмосфера эйфории! Но уже пробивается нетерпение, перемены кажутся чересчур медленными. До сих пор бывшие рупором американского империализма зарубежные радиостанции становятся достойными если не доверия, то, по крайней мере, внимательного вслушивания в них через заглушку.

Время с марта по октябрь 1956 года было одним из самых опасных: единственный для социалистической утопии реальный шанс сохраниться – перейти в тот же социализм, но «с человеческим лицом». Некоторым молодым людям хочется на это надеяться и они открывают для себя труды молодого Маркса, последние статьи Ленина... Это даже не полумолчаливый французский бунт фронды, а возникновение протестантской реформации.

Естественно правильным было искушение довериться коллегиальному руководству партии после XX съезда, но оно уже не скрывало, что само пребывает в поисках путей возврата к «суровости Ленина и холодной чистоте Дзержинского». Хотя во время этого краткого затишья никто, насколько мне известно, не арестовывался КГБ по идеологическим мотивам.

Конец октября – начало ноября я провел в прибалтийских республиках, где, благодаря своим французским корням, часто оказывался первым москвичом, переступавшим пороги домов инакомыслящих латышей и литовцев. Реакции моих балтийских хозяев и мои собственные совпадали. Постоянно включен «вражий голос»: «Свобода», Голос Америки, ВВС. В Каунасе, в День поминовения усопших, на кладбище проходит первая массовая манифестация. Мы вновь обретаем надежду на перемены. Уже протесты в Польше, а венгерское «землетрясение» началось. Из сообщений Би-би-си мы понимаем, что происходит нечто большее, чем просто косметический ремонт системы. Наконец в Венгрии люди восстали! Но реакция империи зла не дает передышки, в Будапешт вводят советские войска.

Второго ноября 56-го вижу слёзы литовцев, только что оттянувших десять лет в Сибири. Нам кажется ясным то, что за этим последует. Танки не заставляют себя ждать.

Однако цель этих строк в том, чтобы попытаться определить истоки сопротивления в СССР. Сразу после танков политбюро взяло себя в руки и сплотило ряды. Люди в КГБ увидели, какая судьба была уготовлена их венгерским коллегам: восставший народ вешал гебистов на фонарях.

Лекторы агитпропа, направленные в общежитие, где я живу, наталкиваются на молчание аудитории. В кинотеатрах показывают документальный фильм об ужасах венгерской контрреволюции. Народ массово валит в кинозалы. Успех фильма таков, что через десять дней его с экранов снимают. Я встречал многих, кто по три-четыре раза ходил любоваться зрелищем разборки статуи «Иосифа Гуталина» и с едва скрываемым удовольствием поглядеть на поверженных чекистов...

Для молодых интеллигентов «марксистов-ленинцев», оказавшихся на распутье, Венгрия – это сигнал к действию, но для них отправная точка – ортодоксальный марксизм, рабоче-ленинское, очищающее и антибюрократическое. На венгерское восстание они не могут равняться.

Для «западников» с уклоном в американофилию это время «словесной агитации и пропаганды»: подпольные собрания, дискуссионные кружки (самиздат еще не родился), кустарные листовки. Будапешт для них тоже пока непонятен, но есть конкретные заявления власти после XX съезда о том, что из себя представляет Зло. Поэтому у «западников» высвечиваются задачи защитить страну от рецидива сталинизма, а для этого нужны перемены.

Приземление брутально! Наступает день, когда на приеме в китайском посольстве Хрущев воздаёт хвалу Сталину: «Его ошибки не должны заслонять его достижений в построении нового общества. Он был верным и настоящим марксистом-ленинцем». Партократия переживает эйфорию. В начале 1957-го выходит директива КГБ о необходимости возобновить аресты и процессы во всех городах, начиная с областных центров. Начало положено, в мордовских лагерях оказались на нарах и «марксисты», и «западники». Политзеками скоро станет более полутора десятков тысяч человек.

Журналист Михаил Соколов[19] спросил меня:

– Никита Игоревич, вы за Венгрию отсидели «пятерочку», как сейчас говорят. Вы довольны состоянием российской исторической памяти? Интервенция СССР в Венгрию 1956 года не похожа ли на агрессию путинской России в Украину? Не похожа ли она на ситуацию в России?

– Меня эта агрессия приводит в отчаяние. Она подтверждает то, что пишет Оруэлл в «1984»: «Кто владеет прошлым, у того и власть». Это есть владение прошлым. Я отказался от смотрения нынешнего российского телевидения, потому что оно вызывало во мне слишком сильные физиологические рвотные реакции.

Возвращаясь к Венгрии, мне хотелось бы вспомнить людей, вспомнить, что мой лагерный друг Борис Пустынцев[20] по отбытии наказания стал основателем обществен-

---

[19] Михаил Владимирович Соколов (род. 1962, Петрозаводск) – известный политический журналист, автор и ведущий обозреватель Радио «Свобода», программы «Время политики», «Эхо Москвы» и др. Кандидат исторических наук. Автор работ по истории русской эмиграции XX века и книги «Соблазн активизма. Русская республиканско-демократическая эмиграция 20-30 гг. XX в. и ОГПУ».

[20] Борис Павлович Пустынцев (1935, Владивосток – 2014, СПб) – советский диссидент, переводчик, правозащитник.

ного движения «Гражданский контроль». Просуществовала эта человекоправная организация до 2014 года, до даты смерти Бориса. Но уже в последние шесть лет на них начались сильные накаты органов.

Моего солагерника Володю Тельникова[21] вызвали к начальнику КГБ по Ленинграду в связи с делом группы Виктора Трофимова «для проведения профилактической беседы». Это был своего рода упредительный допрос. С Володей побеседовали и сказали, что он свободен, поскольку улик против него почти не было… Володя почувствовал, что как-то нехорошо выходить на волю, когда все друзья арестованы, и, обратившись к начальнику КГБ, с усмешкой спросил: «Позвольте загадать загадку: кто над нами вверх ногами? Вы думаете, мухи? Нет, это венгерские чекисты». Он получил свои 10 лет.

Каждому из нас следователь КГБ задавал один и тот же вопрос: «А в Будапеште вы были бы по какую сторону баррикад?»

В лагерях мне пришлось встретиться и с двумя советскими солдатами, участвовавшими в подавлении венгерского мятежа. Одного из них звали Евгений Милин, очень простой деревенский парень, три или четыре класса образования. Он был стрелком в танке на улицах Будапешта. По внутренней связи командир дал ему координаты и скомандовал: «Огонь!» Он навел оружие и увидел, что стоит мирная очередь у булочной: «Товарищ

---

[21] Владимир Иванович Тельников (1937, Ленинград – 1998, Лондон) – лагерная кликуха Телуга, советский диссидент, литературный переводчик, один из помощников А.И. Солженицына.

лейтенант, это ошибка, там очередь». – «Огонь!» Тогда он в ответ неласково отозвался о маме этого лейтенанта и… получил 10 лет.

Другой солдат, тоже деревенский, Женя Русанов, почувствовав, что ему противно давить мирных людей, сделал, как делали тогда многие венгры: перешел австрийскую границу и получил убежище. Вскоре консульские работники его нашли и сказали, что он ошибся, родина без него скучает.

У меня дурные предчувствия. Как бы современная Россия под воздействием аппетитов некоторой части агрессивно настроенных граждан не поддалась иллюзиям сверхдержавы и не пошла бы войной на прибалтийские страны и далее. То, что случилось в 2014 году с Украиной, может послужить началом.

Опубликовано в литературном журнале «Чайка»
в 2016 г., США.

Сталин, Молотов, Ворошилов и Ежов на выборах в Верховный Совет СССР, 1937 год.

Встреча, посвященная героям французского Сопротивления (слева направо): неизвестная, Жерар Абансур (французский культурный атташе), Анна Воронко (Франция), Игорь Александрович Кривошеин, А.Кеменок, Владимир Брониславович Сосинский. Москва, ВГБИЛ, 1970 год.

Походы по горам Дагестана, 60-е годы.

Гиперреализм снов

Есть близнецы – для земнородных
Два божества, – то Смерть и Сон,
Как брат с сестрою дивно сходных –
Она угрюмей, кротче он...

Федор Тютчев, «Близнецы»

Всего сподручнее обсуждать увиденные сны в вагонах дальних поездов, больничных палатах, лагерных бараках, при поиске грибов, по ходу стараний заинтересовать барышню... но не в камерах СИЗО – следствие возьмет да и растолкует по-своему. Попробую с помощью клавиатуры рассказать о своих, только своих, а не по Фрейдову ГОСТу, снах. Они никак не сырье для спецов-интерпретаторов. Правильно рассудил об архетипах основатель аналитической психологии Карл Густав Юнг: люди по своему нутру так же подобны друг другу, как и по внешнему виду. Не каждый человек, приближаясь к своему столетию, в состоянии волевым усилием воспроизвести в памяти пригрезившееся до пробуждения.

У Игоря Александровича, моего отца, жизнь которого складывалась из двух триллеров, трех детективных лент и пяти фильмов ужасов, почти до самой кончины сны сводились к экзаменационным страхам, неправильным ответам учителю математики и позорным признаниям родителям в провале. Снились ли отцу эти экзамены в Бухенвальде, где он провел в заключении военные годы? Однако в сумеречном, после легкого инсульта, состоянии, в свои далеко за восемьдесят, было у него несколько раз резкое пробуждение: «Никита, звонили в дверь – не открывай, это за нами КГБ...» Лагерь мне тоже больше не снится. Перестал… максимум лет пять тому назад. Снился в основном арест, как будто я сам себя арестовываю. Очень реалистично…

Не так давно, в Испании, мне приснился наш ульяновский кот Вася. Кота мама подобрала на улице, он был с обрубленным наполовину хвостом, серенький, худенький, маленький; каждую ночь меня с ним согревала русская печка. Он прожил с нами пять лет, но однажды мы нашли его во дворе с веревкой на шее, местное хулиганье все-таки с ним расправилось.

Не все пережитые ужасы возвращаются мне во снах. После освобождения из Мордовии я почти каждый год с друзьями ходил по горам Чечни и Дагестана. Лето, в горах прохладно, мы с Валерием Мануйловым[22] (он же Бычок) с тяжелыми рюкзаками под проливным дождем, очень долго поднимались по северному склону Кавказского хребта. Все дороги размыты, мосты снесены, грузовики не ходят, наконец мы добрались до высокогорного дагестанского села Гуниб. Оно оказалось как бы на сухом островке, жители были отрезаны от связи, их территория снабжалась только по воздуху. Мы провели ночь в глинобитной сакле, а утром прошел слух, что должен прилететь вертолет. Вся деревня высыпала на площадь. Вертолет сел, летчики вытащили мешки риса и банки тушенки, народ

[22] Валерий Вениаминович Мануйлов (лагерная кликуха Бычок) – (род. 1939, Москва, живет во Франции), мой лагерный друг.

кинулся, и многие стали умолять экипаж взять их обратно с собой. Пилот вгляделся в толпу и ткнул пальцем в нас с Бычком: «Этих возьму, а больше никого!»

Вертолет стал набирать высоту, мы оказались на краю пропасти, и я сказал Бычку: «Нас будет качать, большая турбулентность воздуха…» Не успел я закончить фразу, как вертолет дал крен, перевернулся винтом вниз, зацепился хвостом за скалу, нас сильно тряхнуло и откинуло к стене. Два-три метра отделяло нас от падения в пропасть. Не было ни взрыва, ни пожара. Дверь оказалась вверху, заклиненной, кое-как нам удалось ее открыть. И тут, откуда-то снизу, мы услышали похоронный женский вой и вопли дагестанских женщин. Выбрались, нас увидели – вой замолк. Единственные травмы у нас четверых – обрезанные два пальца левой руки у одного из пилотов. Плохо соображая, я сфотографировал вертолет, пропасть и нашу «великолепную» четверку. Потом нас повели в сельсовет, где мы провели еще одну ночь. Шок от случившегося был таким сильным, что мы с Бычком даже не выпили по сто грамм, припасенных в рюкзаках. На следующее утро, на том же месте, мы погрузились уже в другой вертолет и все полчаса лёта до Махачкалы тряслись от страха. Это к тому, что пережитый кошмар наяву никогда не вернулся ко мне во сне.

Попробую все же вспомнить кое-что о впечатавшемся в память, как текст на компьютерной флешке. Не усматриваю в таких воспоминаниях ни «исповедальности», ни стриптиза подсознания, ни, неровен час, душевного эксгибиционизма – слово такое, что с трудом выговаривается... Изложение мое будет, скорее, как у степных акынов: что вижу, о том пою; об увиденных ночью «фильмах», где в просмотровом зале «студии Морфей» всего один зритель – я сам.

25 июня 1953 года я вернулся в общежитие Института иностранных языков близ Ильинских ворот очень поздно. Вахтерша была не из злых и открыла, хотя комендантский час настал давно. Желудок мой содержал не менее семисот грамм «белой головки», поглощенной в разных местах не помню с кем. Учитывая мой девятнадцатилетний возраст, вес жидкости был не то чтобы рекордный, но заслуживающий уважения. Так пить, да смолоду, нехорошо. Смягчающим обстоятельством служило то, что я за несколько дней до «принятия» получил по почте очередной отказ Главной военной прокуратуры о пересмотре дела отца. Он отбывал десять лет за «сотрудничество с международной буржуазией» (ст. 58-4 УК РСФСР).

Вернулось и мое письмо к нему (Москва, Главпочтамт, п/я 68, координаты Марфинской «шарашки»). На конверте фиолетовыми чернилами стояло: «Адресат выбыл».

В своих поисках я добрался до справочного окошка Главного управления лагерей и трудовых колоний. Мало кто знает, что эта структура размещалась во дворе гостиницы «Пекин» на Маяковке. Сначала мне было сказано ждать, а затем последовал ответ: «Заключенный этапируется, он напишет сам». Когда отец написал, оказалось, что это Тайшет...

Итак, трое соседей по комнате в общежитии не проснулись от моего позднего появления, а я сам сразу отключился. Привидевшегося в ту ночь сна не пожелаю и безобразной Вере Павловне из романа «Что делать?», которой четырежды пригрезилось светлое социалистическое будущее; даме, столь тепло описанной Чернышевским и столь нелюбимой Набоковым.

С утра в комнате вякала черная радиотарелка: от гимна до гимна, от «шести» до «нуля» часов фоновый шум «побед на трудовых фронтах», с Дунаевским и Чайковским вперемежку, так пропитал слух, что почти перестал замечаться. Соседи давно ушли на лекции, а я продолжал лежать болезным бревном. Приоткрыл отяжелевшие веки, биение в висках, проспиртованная вата во рту, несуществующие мышцы... Внутри черепной коробки громоподобный, бьющий по вискам мужской голос вещал: «Враг народа, муссаватист, агент английской и многих других иностранных разведок, изменник родины Лаврентий Берия...». Мне стало очень страшно.

«Не надо больше пить, плохо, дошел до ручки...» – и я снова ушел в сон. «Враг народа, муссаватист...» – вывел из забытья тот же голос Юрия Левитана, неизменного диктора-звезды сталинского радиовещания. Это оказалось не сном, а чистой правдой! Мое «флагманское похмелье», используя выражение Анны Васильевны Тимиревой, второй жены адмирала Колчака, было сбито враз — лучше огуречного рассола!

Банальность следующего воспоминания не превосходит сюжета в радионовостях – разве что забавным сдвигом в пространстве.

Я с друзьями опять в горах Дагестана, мы каждое лето бродим с рюкзаками по мирным и тогда сверхгостеприимным горам: «Быть может, за хребтом Кавказа / Укроюсь от твоих царей...». После двадцати дней трудной горной ходьбы, за день до намеченного перевала через главный хребет в Кахетинскую долину, в Телави, где нас ждало изобилие красного вина и хаши, мы потеряли тропу и вышли под конец дня на крутой склон. На такой высоте видишь, как рождаются облака – словно от выдыхания дыма курильщиком. Внезапный туман почти лишил нас видимости. Последним, кого мы встретили до того, как сбиться с пути, был мужчина в бараньей шапке, ехавший на осле; за ним шла жена с достаточно большим мешком на плечах. Высоко на склонах мы расслышали блеяние бараньей отары.

То было время, когда Никита Хрущев запретил колхозникам иметь вторую «единоличную» корову; в горах же, где обычно держали до двухсот овец на двор, он установил лимит «до 10 голов». Этот социалистический идиотизм мощно ускорил разложение и обвал Советов. Настал хронический продовольственный кризис. В деревне корову не спрятать, а на высоте трех-четырех тысяч метров хоть десяток гиппопотамов паси – никто не увидит. Кстати, тогда же вышел и запрет косить траву на обочинах дорог и полянах, а в горах – на склонах. Огромные естественные пастбища оставались гнить. Жители чеченских деревень скидывались на содержание пастухов, перебазировав овец кормиться где повыше и недоступнее для карающей десницы начальства.

Пастухи, увидев нас, трех русских ребят спортивного вида, подумали, что пожаловала фининспекция. По направленным на нас ружьям мы поняли, что пришлепнуть «инспекцию» не составит никакого труда. Правильно рассчитав, что пастухи отбывали казахстанскую ссылку (они все в свое время там оказывались), мы их убедили, что мы тоже бывшие зеки. Конфликт был исчерпан. Разожгли костер, откуда-то возникла несоленая недоваренная баранина, приправленная большим дружелюбием хозяев. Отара, кстати, оказалась огромной. Улеглись мы в спальных мешках на сырой земле.

Не найти человека, хоть короткое время пожившего в тюремной камере, которому бы с малыми вариациями не снилось, что он оказался у себя дома и что ему к определенному часу нужно вернуться в камеру. Паника опоздать, не найти дороги, не быть пущенным внутрь, за ворота тюрьмы или лагеря!.. Вот настоящий кошмар!

Ноги грел непотухший костер. И мне приснилось, что я нахожусь в Восточном Берлине, черно-белом, запущенном и уродливом... И вдруг каким-то сверхъестественным образом, как бывает в тюремных снах, я неожиданно попадаю в Берлин свободный, Западный, красивый и цветной. Я в эйфории! Но знаю, что обязан вернуться в советский оккупационный сектор к концу дня, и меня охватывает паника от мысли не найти обратного лаза через стену. Я резко просыпаюсь.

Сновидение это явилось мне года через три-четыре после возведения Стены[23].

Следующий ночной кинопросмотр необходимо предварить небольшим отступлением, погрузив при этом видеокамеру в преисподнюю и испросив об интервью ее обитателей. По ходу опроса мы узнаем, что атеистов в природе нет и не бывало никогда. Начать можно с баснописца Демьяна Бедного, редактора журнала «Безбожник»; потом

[23] Власти ГДР построили вокруг Западного Берлина стену 13 августа 1961 года, которая просуществовала до 9 ноября 1989 года.

подозвать к камере Фридриха Энгельса с его «Происхождением религии...»; не забыть гнусного Ярославского (кажется, это партийная кличка), автора «Библии для верующих и неверующих», а также ветерана ЧК генерала Георгия Карпова, с 1943 года неизменного Председателя совета по делам Русской Православной Церкви, а в прошлом – ненадолго исключенного из партии за личное участие в пытках подследственных... Перечисление этих образцовых богоборцев нетрудно пополнить хотя бы легионом дипломированных «образованцев» (спасибо гениальному неологизму Солженицына). Хорошо бы узнать у каждого из них, как они относились к числу 13; пугались ли перебегающих дорогу черных котов; увлекались ли гороскопами, здоровались ли через порог? Мелькало ли у них в голове подозрение, что Вселенная – явление тварное? Уж не говорю о восприятии смерти. Если все их ответы будут соответствовать атеистическому катехизису, то я никчемный психолог.

Сновидений без малой дозы мистики не может быть, потому что не может быть никогда. Все цивилизации, от бушменов до кельтов, знали, что сновидение – канатный мостик в иномерный мир, а порой и показ избранных сцен из будущего. Вот библейский мудрец Иосиф (сын Иакова) в награду за правильное толкование сна был освобожден фараоном из темницы и поставлен управлять всей землей Египетской. А одним из самых ходовых товаров у коробейников, ходивших по деревням в позапрошлом веке, были щепки лестницы, ведущей на небо, той самой, что приснилась пророку Иакову...

Нина Ивановна фон Келлер, урожденная Крузенштерн, была единственным действующим лицом моего сна. Скончалась она в 1966 году в Москве, в неплохой квартире на Проспекте Мира, совсем незадолго до того, как посетила мой сон. До самой смерти она работала внештатной английской переводчицей АПН. В 1958 году умер ее муж, Николай Лаврентьевич Голеевский, царский военно-морской атташе в Лондоне, в эмиграции – многолетний сотрудник американского посольства в Париже, видный русский масон, основатель ложи «Гамаюн». Еще в 1911 году он совершил длительную поездку по Индии, видимо, весьма для него значимую.

Стоило товарищу Сталину отбыть к Люциферу, как Голеевский с женой репатриировались в 1954 году из Парижа в Москву, где вместо Лубянской тюрьмы, положенной предшественникам-возвращенцам, сразу оказался в комфортабельном Доме ветеранов сцены в Измайлово. Это сюрпризное размещение, как и многие другие косвенные признаки, позволяют предположить, что покойный сотрудничал с Первым главным управлением МГБ СССР. Отличался Николай Лаврентьевич лысиной, которая в своем совершенстве была подобна шару из слоновой кости, увенчивающему его неизменную тяжелую трость.

Нина Ивановна же странным образом постоянно проявляла ко мне вежливость и даже некоторое любопытство. Между нами установилась близость, обходившаяся без затяжных разговоров. Вскоре после возвращения из лагерей Мордовии мне довелось около недели ночевать в доме Нины Ивановны – до того дня, когда в мое отсутствие к ней явился участковый лейтенант и пригрозил ответственностью за укрывательство непрописанных лиц. Выразив признательность хозяйке, я сменил ночлег.

В ее облике и лице была смуглая, как бы аскетическая, истощенность, немного напоминающая поздние автопортреты Николая Рериха. На ночном столике постоянно лежала «Бхагавад-гита» в английском издании. Наверняка еще в России Нина Ивановна в молодости увлекалась антропософией, было в ней и передавшееся от мужа желание проникнуть в индуистскую космогонию. В церковь она ходила регулярно. Я присутствовал на ее отпевании и испытал оторопь, какая бывает в молодости, когда умирает человек из детства. Все это – лишь введение в мой трехмерный сон, скорее прожитый, чем просмотренный...

Место съемочной площадки Морфея – 13-я Парковая, дом 27, корпус 4, квартира 50. Солидный кирпичный дом кооператива «Советская медицина». Однокомнатная квартира, выбитая моим отцом ценой унизительных демаршей. Возможность купить ее – дорого (при том что ни продать, ни завещать квартиру было нельзя) – возникла после того, как отцу удалось внедрить в сборник Госполитиздата «Они сражались за Родину» свой текст о русских эмигрантах, участниках французского Сопротивления. Культ войны и победы уже в те годы стал подменять собой культ самопожертвования ради светлого будущего, и тексты о русских сопротивленцах Вике Оболенской, Радищеве, Вильде и Левицком взяли охотно. До покупки квартиры родители, имевшие крайне рискованную годовую прописку, жили в арендованной комнатке в коммуналке. В коммунальной ванне раз в неделю плавал живой карп, которого вечно пьяная соседка покупала в Смоленском гастрономе и забивала молотком. Игорь Александрович Кривошеин, мой отец, решил попробовать сочетать приятное с полезным: нужные публикации о сопротивленцах давали возможность вступить в кооператив.

Главред Госполитиздата оказался неуловим, пришлось ему много раз звонить, что было непросто для человека, отсидевшего в Тайшете, да еще при временной годовой прописке. Как-то звонок на десятый секретарша вдруг доверительно прошептала: «Михаил Филимонович ушел в запой». Велико было изумление моего отца, третьего сына столыпинского министра!

Для вступления в жилищный кооператив нужно было пробиться в Комитет ветеранов войны, где председателем пребывал Алексей Петрович Маресьев, тогда уже пятидесятилетний «разъездной» по миру агитатор. Письма, звонки – нет ответа. В какой-то момент отец не удержался и попытался повысить голос. Секретарша невозмутимо пресекла этот бунт: «Игорь Александрович, не волнуйтесь. Ведь Алексей Петрович такой слабый человек... Любит посидеть в кругу ветеранов». За эти реплики Хармс и Сальвадор Дали хорошо бы заплатили! «Хэппи-энд» все же наступил: случился переезд и счастливое обладание ключом от собственной квартиры – предмета восемнадцатилетней, еще с Парижа, мечты. У большинства мечта всей жизни так и не сбылась.

В лето кончины Нины Ивановны фон Келлер родители находились на даче, снятой не то в Кратове, не то в Валентиновке. Владельцем домика был отставной полковник, проводивший все дни в выращивании приусадебной капусты. Запомнился он тем, что, наполняя на кухне ведра для полива, обращаясь как бы к самому себе, произносил: «Вон в Берлине сколько роялей из окон повыкидывал... Ничего, доберемся и до Парижа – там то же самое сделаем...».

В то время я жил один в родительской квартире – счастливое, давно не испытанное состояние быть предоставленным самому себе. Взяла меня тогда странная воспалительная хворь с высокой температурой, против которой я начал потреблять прописанный антибиотик. Так что я довольно рано заснул. И был разбужен негромким троекратным стуком в дверь (она была деревянной, не обитой «дерматином»). Пошел открывать, не включая света. В полной темноте в комнате еще всё было четко различимо, контуры не размыты, цвета светло-серого, едва тонированные. Шаги по серому паласу (противное слово) босыми ступнями, в них – ощущение веса своего тела. За дверью стояла, опершись на палочку, Нина Ивановна, в обычном темно-сером костюме. Как всегда аккуратная, правда, фигура ее смотрелась почти прозрачной. Главным же было выражение лица и взгляд. Какой-то взгляд просящий о сочувствии – о невозможности заговорить, высказать необходимое не «городу и миру», а только мне. Потом она подняла руку ко рту, потом указала пальцем вверх. Это было упреждение об опасности, нечто сущностное, только ко мне относящееся...

Невозможность вымолвить ни звука погрузила нас в обоюдное страдание. Сказать Нине Ивановне «войдите» я так и не смог. Заставил себя закрыть дверь, при таком же странном свете вернулся к кровати и лег. Я ощущал сверхъестественность пережитого и огромное сожаление. «Слепая ласточка в чертог теней вернулась...»

Никогда о той ночи я никому не рассказывал. Факт как есть: но с того дня, по обстоятельствам и внешним, и собственным, которые оставлю при себе, вся моя жизнь пошла по-иному, чем могла в то время рисоваться. Понял я это только много лет спустя. С Ниной Ивановной фон Келлер, Царствие ей Небесное, я больше не встречался.

А вот сюжет в контрапункт: комнатка в Невольном переулке, в деревянной Москве, у самой Смоленской площади. Там в трехкомнатной квартире с 1955 до 1964 года жили мои родители, снимая площадь у бывшего актера МХАТа Николая Васильевича Чистякова, колчаковского прапорщика, ни разу не посаженного – думаю, понятно, чем он за это заплатил. Об этом как бы забывалось, потому что был он человек светский и совсем неплохой. Но не без его согласия установили в нашей хибарке прослушивание – еще месяцев за шесть до того, как меня упрятали (следователь потом слово в слово повторял мне фразы, сказанные матерью за вечерним чаем, без единого свидетеля).

В одной из комнат жил Чистяков со своей сожительницей, клинической алкоголичкой, которая частенько, запершись, выла. И еще совсем маленькая комнатка была у сестры актера, Елизаветы Васильевны Румянцевой, ранее работавшей в администрации МХАТа. На стене фотографии Станиславского, Немировича, еще нескольких звезд с дарственными надписями. Приличная старая мебель, в отличие от полуфанерной рухляди на остальной площади. Мы сняли это жилье благодаря знакомству с Елизаветой Григорьевной Волконской, преподававшей «хорошие манеры» в МГИМО (сама она выжила, благодаря браку с безобразным писателем Львом Никулиным). Выше, в том же доме, жил голубятник; клетки он держал на чердаке, гонять голубей тогда было принято даже в центре города.

Домработницей у мамы была круглолицая, темноволосая Манефа, приехавшая в город из деревни в тридцатых годах.

Читать Манефа не умела, зато в уме все арифметические действия выполняла лучше любого калькулятора. Мама к ней обращалась на «Вы», она же маме «тыкала». Упрекала Нину Алексеевну за заботу о воробьях: «Зачем жидов кормишь?» Мама удивлялась. «А когда Христа распинали, они гвозди подносили», – аргументировала Манефа. Родители, после Тайшета и Ульяновска, жили здесь счастливо, но своей квартиры им все равно крайне не хватало.

После отцовской почти чудесной покупки кооператива-однушки в Измайлово в квартире актера остался жить я. Этот постлагерный период был прожит мною там совершенно «отвязанно» (прекрасное постсоветское слово). У меня было много заказов на французские переводы, которые я печатал на машинке с латиницей, из-за которой я и сел (кстати, ее не конфисковали). Никакого самиздата я у себя не держал, потому как понимал, что шмона мне не миновать; в довершение ко всей картине – немало запоев. Так мною осуществлялись идеалы Устава ВЛКСМ – пьянство, хулиганство и нетоварищеское отношение к женщинам. Наверное, вел я себя неумно, но, как почти всем освободившимся, мне хотелось нагнать упущенное в Мордовии, и «нагонялось» оно порой не без неловкостей. Помню: Елизавета Васильевна стучится, входит с моим утренним кофе и громко восклицает: «Никиточка, милый, а кого же вы сегодня привели?..»

Как-то мы сидели в ее комнате с Андреем Волконским[24], пили чай, вполголоса переговаривались по-французски. Елизавета Васильевна долго в нас всматривалась и, наконец, выговорила: «Ох, мальчики милые, сколько же вас

[24] Князь Андрей Михайлович Волконский (1933, Женева – 2008, Франция) – русский композитор, клавесинист и органист.

большевики в Гражданскую перестреляли!» Анахронизм ее жалости нас не смущал. Как-то Елизавета Васильевна спрашивает меня: «Никита, а вы давно «Войну и мир» читали?» – «Да нет, не очень. Последней раз на Лубянке». – «А я читала молодой. Вот решила перечесть, многого не узнаю. Где-то что-то эти сволочи от себя добавили!» Она сказала именно «добавили», а не «убрали».

В 1942 году в эвакуации в Саратове Елизавету Васильевну посадили за «пораженческие разговоры». Поместили в одну тюрьму с академиком Вавиловым, она там его видела. Родителям моим, да и не только им, рассказывала, что следователь на допросах пугал ее, стуча по столу определенным членом. Нам не верилось. В тюрьме Елизавету Васильевну держали относительно мало, и на свободу она вышла, еще более укрепившись во враждебном отношении к существующему строю.

Ко мне часто приходил переночевать художник Анатолий Зверев, при жизни, да и после смерти, долго пребывавший в забвении и ставший сегодня высоко котируемой звездой русского авангарда. Он донимал меня нудным многочасовым декламированием на память своих самодельных пьес. В один из таких осенних поэтических вечеров 1965 года я сильно выручил прибежавшую ко мне расстроенную Таню Алигер[25] – ее начали таскать в Лефортово по делу Юлия Даниэля[26], они близко дружили. На по-

[25] Татьяна Алигер (1940-1974) – поэтесса и переводчик, умершая от лейкемии, дочь Маргариты Иосифовны Алигер (советская поэтесса и переводчица, военный корреспондент. Лауреат Сталинской премии).

[26] Юлий Маркович Даниэль (1925-1988, Москва) псевдоним Николай Аржак – поэт, прозаик, диссидент. В 1966 г. приговорен вместе с писателем Андреем Синявским к пяти годам заключения за антисоветскую пропаганду.

следующих вызовах она неукоснительно придерживалась выписанного мною рецепта и отвечала одно: «Была пьяна, не помню». (В этом была не вся правда: автор «Говорит Москва» действительно читал ей вслух свои тексты, но и возлияниям они оба предавались обильным.) Дознаватели плюнули на Таню и в конце концов отстали от нее.

Во всей этой «отвязанности» возникали периоды нормализации: несколько дней переводческой кабины или срочный письменный перевод о византийских иконах для Михаила Владимировича Алпатова. Вот тогда для меня наступал полный антракт в потреблении спиртного и я совершал многочасовые оздоровительные прогулки по набережным Москвы.

Именно в такую трезвенную неделю однажды ночью мне было показано Морфеем кино: общий фон – цветной, скорее палевый, никакой объемности; место действия – не французский деревенский ландшафт, каким он мне запомнился, а скорее Прибалтика, Латгалия, которую я незадолго до того пересек на велосипеде; развалины – не то кирхи, не то костелы, пришедшие в плачевное состояние от времени и заброшенности, а не от насильственного разрушения... Стены сохранились только до пояса, от колокольни остался только низ. Вокруг высокий бурьян. Я стою у середины боковой стены и сквозь всю эту разрушенность смотрю внутрь церкви – вижу неф, центральный проход, каменный алтарь, на котором ничего нет, нет и скамеек, но на одном из столбов остатки резного деревянного строения, кафедры... И одновременно это как бы кабина для синхронного перевода проповедника с Божественного языка на человеческий. Между прочим, зеки толкуют приснившуюся церковь как предзнаменование скорой тюрьмы.

Изображение резкое. Прибытие мое в это место и цель мне неведомы; всматриваюсь в показываемое с любопытством и интересом. Возникшая в поле зрения помеха справа заставляет оглянуться: в полуметре стоит Сталин. Меньше меня ростом, в отличие от всего остального – ярко-цветной, в полном мундире, точная копия актера Михаила Геловани в кинофильме «Падение Берлина», тот же красивый грим без морщин и оспин. Режиссер Генрих Оганесян рассказывал мне, как при съемках этого советского блокбастера большая столовая гостиницы «Москва» была переоборудована под кремлевский кабинет с дубовыми панелями. Повезли туда уже загримированного Геловани вместе с «Берией» и «Молотовым», чтобы они при софитах обсудили план взятия столицы Рейха. Из автобуса труппа проходила прямиком в лифт, которым в тот день управлял полусонный и полупьяный немолодой узбек. Лифт двинулся. Узбек встрепенулся, узнал в лицо своих пассажиров и грохнулся в обморок.

Так же точно и такой же силы реакция возникла и у меня во сне. Ненадолго наши взгляды со Сталиным пересеклись, но я быстро отвернулся и уставился в пространство разрушенной кирхи. Телепатически, беззвучно Сталин внушил мне, что я должен дать ему пить. Опускаю глаза – в руках у меня наполовину наполненная водой емкая алюминиевая кастрюля. Заметил и блекло-беловатый предмет на дне, но сразу не понял, что это. Опустил правую руку в воду – это оказалась тухлая, размягченная рыба. Пальцы в рыбу влипают, проваливаются, незаметно эту гниль выскоблить невозможно. Главный герой «Падения Берлина» продолжает смотреть в упор. Ждет. Немая сцена непродолжительна.

Следующий кадр: просящий пить И.В. Сталин и заколдованная кастрюля исчезают из поля зрения и из моих рук, как будто их и не было. В центральном проходе кирхи появляется металлическая тележка, которую толкают двое мужчин в рабочей брезентовой одежде. На тележке темного дерева закрытый гроб. В нем тело моего скончавшегося отца. Просыпаюсь.

Небольшая просьба: давайте обойдемся без фрейдовских толкований, однако великий Ингмар Бергман за этот сюжет отсыпал бы мне немало шведских крон.

И еще один сон, вроде короткого мультика, который мне приснился в квартире в Невольном переулке. Это было похоже на изношенную тему стихотворений о «двойниках» (Верлен, Есенин и Ко.), и «теней» (Гофман, Андерсен), вечная универсальная практика «доброго и злого» следователя, конвейер фильмов и сериалов о раздвоении личности невинных граждан, превращенных в героев экрана. Итак, Москва, ночь, улица, фонарь... Иду один, никого вокруг. Подходят трое оперативников. Двое брутально хватают за плечи; третий, старший, громко говорит: «Опять за свое! Вы арестованы!» Но, о ужас! Это я сам себя арестовываю, и лицо у меня при этом очень злое и явно постаревшее.

Прошло лет десять-одиннадцать, заполненных «бессонницей». Осенью 1976 года я оказался в средненькой гостинице не любимого мной, но гипнотически поглощающего Манхэттена. Сколько знакомых русских из России, Франции, Германии, Шанхая, СССР нашли в Новом свете бестревожное бытие, и только там, как нигде более, самоощущаемую свободу личности: об этом говорится и у агностика Набокова, и у глубокого проповедника о. Александра Шмемана, и у великого поэта Иосифа Бродского.

Я впервые попал в Нью-Йорк в 1971 году, приехал навестить любимую крестную, старшую сестру матери, покинувшую Белград, когда к городу приближалась Красная Армия. С первой же прогулки по сороковым улицам у меня возникла к этой стороне океана аллергическая непереносимость. В 1958 году на вопрос следователя: «Вы же советский человек?» – я, к его неудовлетворению, ответил: «Да, конечно, я европеец». Другой причины к своему «клеточному» неприятию Штатов не нахожу. В то свое первое посещение я увидел Гарлем, людей, ночующих в картонках, и Таймс-сквер, жвачный общепит через каждые 10 метров... Я поймал себя на том, что мой внутренний голос, подражая радио «Маяк», стал поносить дикий капитализм. Сознаю всю абсурдность сказанного, но тогда меня перенесло на другую планету, о которой мы все много читали, восторгались и мечтали её увидеть.

Тогда же я побывал и в Russian Tea Room, и в великом музее Метрополитен, и в большом православном соборе, и в галерее «Фрик коллекшн». Первое впечатление по ходу редких возвратов сюда мало менялось. Таким оно оказалось и у отца, посетившего Америку в 1983 году. При выдаче визы в американском консульстве Парижа чиновник спросил оторопевшего старика: «Мсье Кривошеин, состояли ли вы в компартии?»…

В описываемый приезд в 1976 году я пребывал в остром личностном раздрае, несмотря на крепкое телесное здоровье и незыбкое профессиональное положение. То ли стандартный кризис середины жизни, то ли любовная лодка в энный раз разбилась о самое себя... По возвращении в старую, добрую Европу не обошлось без врача в связи с моим депрессивным состоянием – первым и единственным – и нескольких недель приема таблеток. Помогло.

По своей обставленности и бутафории мой нью-йоркский сон во многом схож с измайловским (про Нину Ивановну): та же трехмерность, такая же блеклость цветов и невидимый источник света, на сей раз желтовато-трупного. Действие происходит в номере отеля, в котором я сплю, но комната напоминает мою тюремную камеру. В отличие от сна в Измайлово я долго и неподвижно лежу, слышу странные звуки льющейся жидкости, потом встаю и ложусь на пол, ощущаю вес своего тела, будто налитого свинцом. Опять слышу звуки, оказываюсь у наглухо забитого окна, но есть дыра, и я смотрю в нее, а там полный черный мрак. Перевожу взгляд и вижу у левой ноги эмалированное ведро, до трех четвертей наполненное кровью. Удивление — и первая мысль: какое оно, должно быть, тяжелое... И сразу – мысль о необходимости вылить содержимое за окно. Следом паралич. Осознание намертво закрытого окна и не исчезающего из поля зрения ведра. И так довольно долго. Пробуждение. На следующий день – самолет в Париж.

Прошло 36 лет. Кроме как об увиденном в кино или по телевидению рассказать не о чем. Оказывается, и у Морфея своя норма раздачи на каждого отдельно взятого человека.

Парки бабье лепетанье,
Спящей ночи трепетанье,
Жизни мышья беготня...

У меня бессоницы ночные и утренние. Подсознание начиняет это вневременное состояние всякой дрянью, смесью паники с непрошеной явью, давними и нынешними страхами. Редко, как праздник, вся эта босховщина гасится возвратом к первому запомнившемуся сну в возрасте шести лет в состоянии полудремы: черно-белые ангелы, рисованные тушью, из парижского издания с «ятью» – «Мой первый учебник Закона Божия», – ангелы взялись за руки и ведут хоровод у моей кроватки с загородками из плетеной соломы. На мой рассказ родители ответили: «Не придумывай».

Сны самодостаточны. Заканчивая, вспомнил дореволюционный детский стишок:

Спокойной вам ночи,
Приятного сна.
Желаю увидеть осла и козла.
Осла до полночи,
Козла до утра...

«Новый Журнал», 2014 г., Нью-Йорк.

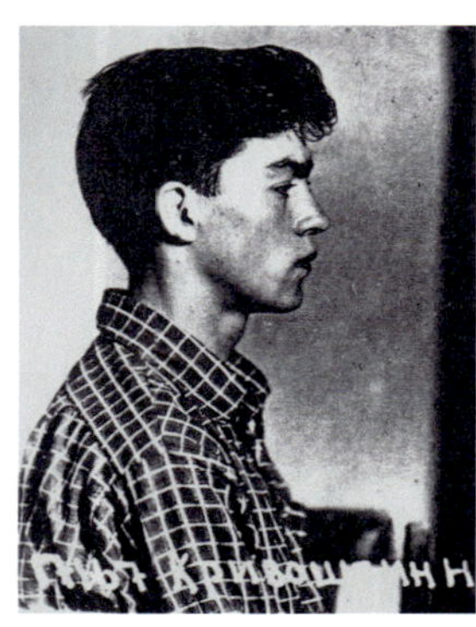

Никита, Ульяновск,
4 марта 1952г.

Арестное фото Никиты,
25 августа 1957, Москва.

Игорь Александрович
Кривошеин,
22 сентября 1949,
Лубянка, Москва.

Улица перед домом, где
проживали Кривошеины
(фото НК 1965 г.).

Август пятьдесят второго. Побег из Ульяновска

Когда погребают эпоху,
Надгробный псалом не звучит,
Крапиве, чертополоху
Украсить ее предстоит.
Анна Ахматова, 5 августа 1940

Август 1952-го был для меня судьбоносным, простите за клише.

В конце весны вторая вечерняя средняя школа рабочей молодежи Ульяновска выдала мне безмедальный (по вине дисциплины «астрономия») аттестат зрелости. Эта полузолоченая ксива оказалась для меня «вольной» – справкой об освобождении. Но отсутствие медали из-за астрономии наносило удар по мечте о спасительном отъезде из Ульяновска и сильно огорчило отца, отбывавшего в Марфинской шарашке свой десятилетний срок «за сотрудничество с международной буржуазией» по ст. 58-4 УК.

На дворе всюду зримо-слышимая борьба с космополитизмом и вторая волна террора, начатая в 1949 году, но директор и преподаватели вечерней школы несли бывшим фронтовикам, любознательным рабочим и служащим и исключенным из дневных заведений недорослям весь некрасовский набор вечного, доброго и светлого. Много Льва

Толстого, мало Горького, плюс уважение и ласка к усталым после работы разновозрастным учащимся. Промывание мозгов сталинизмом по сравнению с дневными школами было практически нулевое.

За два месяца до выпускных я уволился с завода (того самого, с которого, после вызова в отдел кадров, забрали моего отца), где три черных года я пробыл плохим токарем по металлу. До увольнения, чтобы регулярно посещать вечернюю школу, две недели подряд я выходил в третью смену (работа с часу ночи до семи утра), оставалось время поужинать и переодеться.

Уволиться с завода я решил благодаря непоказной доброте биолога-систематика, профессора Александра Александровича Любищева[27] – он предложил давать моей маме деньги, чтобы я мог доучится и не работать. Любищевы умело, как бы незаметно, с великим тактом пополняли мамин микропрожиточный минимум: она была тогда уже порядком обессилена. Заработок ее сводился к чтению вслух «Происхождения семьи, частной собственности и государства» Фридриха Энгельса и отдельных глав второго тома «Капитала» Карла Маркса двум слепым студентам, мужу и жене, с заочного отделения истфака Ульяновского педагогического института, а также уроков английского двоим ученикам: рабочему авиазавода, мечтавшему о партобразовании, и молодой женщине, приходящей к маме не для знаний, а под флагом милосердия. У меня хранятся в Париже замечательные письма Любищева, вывезенные в обход советской таможни; он их мне присылал в Мордовию.

[27] Александр Александрович Любищев (1890, Санкт Петербург – 1972, Тольятти), известный профессор-энтомолог. С 1950 по 1972 заведовал кафедрой в Ульяновском государственном педагогическом институте.

Зимой 1951-го (до окончания школы оставался еще год) я поехал в Москву на свидание с Игорем Александровичем, взяв на заводе одну из двух положенных в социалистическом раю недель годового отпуска. Адрес, куда пойти, был указан в письме, полученном от отца. Я высидел очередь в справочном отделе МГБ СССР на Кузнецком мосту, 24.

Лысый майор вручил рукописный листочек: «Новослободская, 45, дата, 12 часов». На мой вопрос «А где это, что это?» ответ был: «Сами увидите». Оказалось – Бутырская тюрьма, первая встреча после двух с лишним лет в безвестности, две решетки, два надзирателя, на отце галстук, прокатный – от начальства, как рассказано у Солженицына «В круге первом». К концу положенных 30 минут свидания я услышал от папы: «Ты должен получить золотую медаль». Но этот наказ отца[28] в 1952 году я не смог осуществить. Досада, причиненная астрономией, ни на молекулу не умалила во мне бури и натиска: я поклялся себе, что покину этот проклятый Ульяновск навсегда!

Я знал многих репатриантов из Франции, у которых эта мечта вырваться из ссылок так никогда и не осуществилась. Эти страшные областные центры, куда их внедрило по приезде Переселенческое управление, искалечили их жизнь навсегда. Не буду называть их фамилий, но они там или доживают, или уже похоронены.

Темпы и способы предстоящей в Ульяновске гибели я вполне представлял. Риск неизлечимо спиться вполне об-

[28] Игорь Александрович Кривошеин (1899, Санкт-Петербург – 1987, Париж) – офицер, французский инженер, герой французского Сопротивления, узник нацистских и советских концентрационных лагерей. Похоронен в одной могиле со своей женой Ниной Алексеевной Кривошеиной (урожд. Мещерской) на знаменитом кладбище Сент-Женевьев-де-Буа под Парижем. Один из 5 сыновей царского министра Александра Васильевича Кривошеина.

рисовывался, вероятность ареста и сроков, несмотря на круглосуточный страх, еще не осознавались, но уже стучалась в моем мозгу ночными молоточками. Я мечтал покинуть этот ад, куда был привезен в вагоне «40 человек, 8 лошадей», шесть дней совсем не кормленный, где в номере гостиницы «Советская» в первую же ночь познакомился с клопами (оккупированный Париж ограничился блохами) и где за школьное сочинение я удостоился двойки за слово «Бог» с заглавной буквы. Но я четко знал, что оставаться в Ульяновске – это продолжить путешествие на край ночи.

Осязаемо мой страх за себя и свой ум оформились 2 сентября 1949 года на площади Ленина, украшенной статуей работы Манизера. Вся школа была выведена на траурный митинг памяти за два дня до того покинувшего нас товарища А.А. Жданова. На сколоченной трибуне стояли серолицые нелюди, а толпа – даже не фигуранты, даже не массовка – была подобна огромной серой массе. Митинг этот как бы кристаллизовал панику, все разраставшуюся во мне с момента прибытия из Марселя в Одессу 30 апреля 1948 года на трофейном теплоходе «Россия» (бывший «Адольф Гитлер»).

В Ульяновске мама, папа и я жили в деревянном доме, в коммунальной квартире, и занимали одну комнатку. За фанерной стенкой жила семья стукачей. От всей этой жути я все чаще стал настраивать привезенный из Франции ламповый приемник на привычные для него короткие волны Би-би-си. Во время войны в Париже, против передач на французском языке работала немецкая глушилка, а в Ульяновске, на улице Рылеева, 21, – местная глушилка. Однажды, второй раз за детство и отрочество, я почувствовал брутальный удар отца по шее: «Из-за тебя меня посадят». Все это мне показалось нереальным. 20 сентября 1949 года прогноз сбылся: отца в тот день взяли, но, конечно, не за мои радиосеансы. В доме я обитал на кухне, на лежанке русской печи, с ухватами и горшками. После ареста отца я перебазировался в комнату к маме – там, в шесть часов утра и снова в полночь, из-за тонкой фанеры, отделяющей от соседей, гремели михалковские трубы и литавры: «Нас вырастил Сталин…».

Уже тогда, в свои 15 лет, мне стало очевидно, что надо делать ноги из этого города, где было нечего есть: картошка в обед и на ужин, трехчасовые очереди с номерком на ладошке за серыми макаронами (вкус мяса приходил ко мне только во снах). Весной и осенью грязь всепоглощающая, базар-толкучка со связками иголок для прочистки примусов и требующими ремонта «трофейными» часами. Здесь царила вонь, монополия капусты и лука, морковь и свекла были деликатесами. Чуть ли не единственным вкусным продуктом была темно-коричневая ряженка, она же варенец, продаваемая чувашками. Волосы их были густо пропитаны маслом, одеты они были в семь юбок одна на другой, обуты в несколько пар валяных черных шерстяных носков. Утром мы пили цикорий – эрзац-кофе «Победа». Может быть, я пишу слишком много о еде, но желудок и нёбо помнили парижскую вкусноту, выдававшуюся даже по оккупационным карточкам. Поговорку «на вкус и цвет товарища нет» я не приемлю! Вплоть до моего возвращения во Францию в 1970-м, я хранил эту вкусовую память детства и, конечно, запахи: вкус шоколада, овощей и фруктов, особый запах парижского метро, вкус круасанов и аромат теплого хлеба в булочных…

Обстоятельного анализа культурного шока у меня тогда не получалось. Но уже в пятнадцатилетнем возрасте оформилось мое первое обобщение: перестать быть там, где я есть. Мама утешалась Карамзинским садиком и мраморной статуей Клио, часами сидела на высоком волжском берегу, я тоже смотрел на эти волжские доплотинные дали… Она этой красотой могла хоть немного утешиться. Но совсем рядом от нашего дома, на улице 12 сентября, названной так в память о дне взятия Симбирска красными, находилась городская тюрьма, куда почти каждый день привозили под конвоем с овчарками колонны зеков. Летом страшный горячий суховей, зимой сорокоградусные морозы, в нашей комнате 10 градусов тепла, спали в одежде, дров не хватало.

Все это было очень страшно. Сбежать отсюда? Но куда? Естественно, назад, в трехкомнатный центр Парижа! Но уже тогда хватало если не понимания, то восприятия действительности, чтобы эти разъедающие мысли выбросить из головы. Нескоро, но непреодолимо сложился потайной торг с самим собой: готов на ампутацию руки-ноги без хлороформа при условии – обратно в Париж. Фантазмы незаконного перехода государственной границы СССР завелись уже позже в Москве, потом укрепились в лагере, где, увы, истории дерзнувших и фатально пойманных убеждали в том, что даже мечтать о побеге из страны – напрасный труд.

Чеховские «Три сестры» с их навязчивой патокой «в Москву, в Москву…» были в тот момент от меня так же далеки, как Катрин Денев. Так вот и жилось: пойди туда – не знаю куда, не быть здесь, но как?

Но как только мне высветилось – в Москву – стало легче. В Москву, где предстояли два раза в год свидания с отцом (пока его не этапировали в Тайшет), в Москву, где уже тогда был мегаполис, где (так казалось) можно было бытовать почти невидимым. Где был малый архипелаг своих, близких по духу людей: семья Бруни (в большом составе), Беклемишевы… Где метро, кинотеатры – «Художественный» на Арбате и «Центральный» на Пушкинской…

Когда получилось перебазироваться, нашелся вполне доступный общий читальный зал «ленинки», курилка которого оказалась клубом антисоветчиков, и время доказало, что там обошлось без осведомителей; что по тем временам было рисковой ставкой на доверие, и это при жизни товарища Сталина! Правда, некоторые завсегдатаи этой курилки вскоре сели за решетку (поэт Леонид Чертков[29], я сам), одному удалось сбежать в Западном Берлине и потом жить в Лондоне. Это был мой большой друг Александр Дольберг[30], которому заочно Московский городской суд влепил приговор 15 лет за измену родине. Когда меня арестовали в 1957 году, следователь очень много меня допрашивал об А.Д.: почему и как, знал или не сказал? Хотели пришить мне еще одну статью, «Недонесение о заведомо готовящейся измене родине». С Александром (Аликом) мы после моего возвращения в Париж это все обсуждали.

Но все это нам тогда в курилке было неведомо, мы радовались малому, дружбе, и тому, что в красивейшем читальном зале с зелеными абажурами, в который легко можно было попасть без очередей и ученой степени, библиотекарши выдавали всю коммунистическую печать Франции, ту, где Луи Арагон рассказывал, что художник Курбэ – по-

[29] Леонид Натанович Чертков (1933, Москва – 2006 Кельн), русский поэт. В 1957 году был осуждён на 5 лет по статье 58.10 («Антисоветская агитация и пропаганда»).

[30] Александр Меерович Дольберг (1933, Москва – 2021, Лондон) – публицист, полиглот-эрудит (псевдоним Давид Бург), искатель приключений.

следний достойный живописец, а с импрессиониста Моне начался уродливый буржуазный декаданс. В свободном доступе были толстые журналы La Pensee и Europe, в которых можно было «правильно» напитаться апологией Лысенко или благодарностями французских рабочих лично Лидии Тимашук за бдительность.

Первым буком-парашютом, не давшим мне разбиться или утонуть, оказался чудесным образом открытый для всех читателей иностранный отдел ульяновского Дворца книги, потом «ленинка» и книги по-французски из библиотеки Внутренней тюрьмы КГБ на Лубянке: выдавали по три книги на десять дней, обильно русской классики, и Киплинг, и Анатоль Франс в оригинале.

Из репатриантов-подростков тех лет я знаю только одного, у кого, благодаря чтению и хорошей памяти, получилось не осоветиться и утвердиться в своей сути – это Андрей Волконский (вот только большая любовь к водке завелась). У него с юности были музыкальные способности, и он сохранил французский, на котором мы с ним всю жизнь и общались. Его родителей в 1947-м, после отъезда из Парижа, Переселенческое управление при Совете министров СССР направило в Тамбов. В этой губернии находилось одно из их семейных имений. По тому же принципу и нас отправили в Симбирск, где было Кривошеинское имение в Языковском уезде. Когда Андрей в свои пятнадцать лет спросил родителей: «Зачем вы привезли меня сюда?» Они ответили: «Ты очень плохо учился в парижской школе, и мы надеялись, что в СССР тебя научат хорошо читать и писать».

О жизнеспасительной страсти покинуть наши «бывшие» осовеченные пенаты Ульяновск-Тамбов мы с Андреем друг другу рассказывали. У него получилось, благодаря музыкальным талантам и не арестованному отцу, уехать в Москву из Тамбова в 1950-м.

А я убежал из Ульяновска в 1952-м. Несмотря на нашу многодесятилетнюю дружбу, с перерывом на мой арест и заключение в лагере, для меня до сих пор остается загадкой, почему он ни разу после моего ареста не позвонил и не зашел, за все три года, к моим родителям в Москве и ни разу не написал мне в Дубравлаг. По ходу следствия и моих допросов фамилия Андрея Волконского никогда не возникала, что для меня тоже было странно.

Мои родители Андрея знали и любили и удивления своего тоже не скрывали. Письма я получал самые разные и отвечал регулярно. После моего освобождения я с ним не общался, и по Москве среди знакомых поползли слухи, не очень благовидные для Андрея. Через несколько месяцев о встрече со мной попросила его жена Галина Арбузова (дочь драматурга); пришла и сказала, что Андрей просит встретиться. Я согласился. Он объяснил свое «исчезновение» страхом ГБ. Наши отношения возобновились, за последующие годы мы вместе выпили много водки в Москве, Женеве и Париже, но никогда он больше к этому «эпизоду» в своей биографии не возвращался. И я тоже.

***

Приезд в Москву, тридцатиминутное свидание с отцом и перспектива свиданий с ним здесь в дальнейшем отсеяли мысли о вузах в других городах. В Москву и только сюда – не сетования, столь милые британским театралам, а, как это позднее случилось со мной при падении вертолета в дагестанских горах, возможность зацепиться за сук.

За полгода до выпускных в вечерней школе по договоренности и благодаря помощи семьи Любищевых я уволился с завода, чтобы подзубрить. Вечерняя школа для ее учащихся не являлась самостоятельной административной единицей – каждый был закреплен за местом работы. Состояние как бы социальной невесомости, к которой я успешно стремился всю жизнь, подсказало идею, не постесняюсь заметить, на зависть Макиавелли. Эта идея показывала мою раннюю способность к политической проституции – рабочий на заводе лучше, чем безродный интеллигент.

То, что в приемных комиссиях столичных институтов встреча будет «мордой об стол», я представить тогда не мог. Но, что при моей «анкете» для меня не созовут духового оркестра, было ясно. Этой анкете требовалось побывать в малой химчистке, и я решил, что для ее обладателя в самый раз будет принадлежность к Всесоюзному ленинскому коммунистическому союзу молодежи. Расспросил преподавателей, которые охотно объяснили: да, надо вступить в РК ВЛКСМ по месту жительства.

Молодым спортивным людям в галстуках и с короткими стрижками под «бокс», не проявившим ко мне никакого любопытства, сразу хватило моих слов о трех годах работы на заводе: «Через неделю у нас прямой прием». Кроме меня народу было немного, процедура конвейерная, а формальными ответами я лукаво запасся. Все прошло абсолютным самотеком, и скоро мне выдали оливкового цвета билет с профилем обитателя Мавзолея. То, что крещеному православному, дворянину и жертве ЧК в третьем поколении так поступать не следовало, меня никак не корежило.

Этот не кровью, а фиолетовыми чернилами подписанный фаустовский пергамент оказался жизнеспасительным уже в августе! Моя принадлежность к «молодым строителям» более ничем не помечена. Разве что один из следователей пять лет спустя попробовал упрекнуть: «Вам комсомольский билет был как хлебная карточка». Увидев на моем лице намек на улыбку, плюнул, а к последним страницам следственного дела прикрепил письмо в Московский горком с пометкой «Отсылаем вам билет арестованного Кривошеина».

Ульяновск и пять лет постоянного страха, невозможность молодому парижанину, каким я себя ощущал, понять окружающее, недоедание, арест отца, слежка, дистрофия матери – выработали во мне черно-белое восприятие этой «реальной действительности» через ненависть. Потом спустя годы я это чувство преодолел и сам тогда не знал великого утверждения Солженицына, им же потом и сформулированного в « Матренином дворе»: «Не стоит село без праведника...». А ведь если бы не высочайшая удельная плотность не то что хороших, а замечательных, добрых и мужественно-самоотверженных людей в том сталинском мраке, не сидеть бы мне сейчас за компьютерными воспоминаниями в испанской квартире.

Низкий им поклон.

Буквально всех благодетелей поименно невозможно перечислить. Это были не очень молодые люди, приходившие к маме на ненужные им уроки английского; рабочие моего цеха, не бравшие меня с собой выпивать в день получки, хоть я и просился – «Тебе надо учиться»; на всю жизнь напуганная старушка Языкова в иностранном отделе Дворца книги – мужественно, шепотом переходящая со мной на старомодный французский; и Александр Александрович

Любищев – у него и стол для нас двоих, и натаскивание по математике для меня; и преодолевшая свой страх Надежда Яковлевна Мандельштам. Она «конспиративно» назначала маме встречи в бане (не любящей этого места) на улице Водников, и там обе они шепотом себе в утешение обменивались воспоминаниями. Был и епископ в одной на весь город почти пустой церкви, тайком передавший нам через свечницу конверт с небольшой суммой денег. Перечень этот не завершить…

С собой в Москву, в сохранившемся парижском отцовском портфельчике, я увозил членский билет ВЛКСМ, свой почти «безмедальный» аттестат, паспорт с местом рождения «Булонь, Франция» (паспортистка написала БуПонь), а в графе социальное происхождение – «из рабочих». И еще: в то время я не курил папиросы «Север» и не потреблял жидкость «Красная головка» (второе – только по одной рюмке с мамой по праздникам). Но стоило моему московскому плану исполниться, не прошло и полугода, как я научился в день выкуривать по полторы пачки «Дуката», а на лестничных площадках выпивалось «из горла» по пол-литра «Московской» на двоих.

У меня было заранее оговорено место ночлега: на полпути между Бутырской тюрьмой и Театром Советской Армии – Селезневская, 24, кв. 44, кирпичный дом в два этажа, коммуналка на четыре семьи, ниже этажом паспортный стол отделения милиции. Комнатой с антресолями в этой квартире обладал не эмигрировавший после революции двоюродный брат моего отца – Геннадий Тимофеевич Карпов. Его пьянство, а вскоре и убедительный алкоголизм начались в 1918 году в еще не конфискованном особняке Морозовых на Кудринской (вблизи дома Шаляпина). Там, на жизнеопасном пути к белым, застрял мой восемнадцатилетний дядя Всеволод Кривошеин, будущий архиепископ Брюссельский и Бельгийский Василий (Кривошеин). Они с дядей Геней укрывались в погребе, где было много стеллажей с коллекционным французским вином. Выходили на поверхность только за закусками. Дядя, будущий архиепископ, успел повоевать с большевиками в армии белого генерала Дроздова, потом оказался в Константинополе, где ему предстоял путь в Париж и на Афон. А вот дядю Геню, аристократа духа и благородного рыцаря, ожидал калечащий процесс выковки нового человека, homo soveticus. Показательным результатом этой операции над человеком и стал несчастный Геннадий Тимофеевич.

Все же он, преодолев страх, приютил меня, по силам скудно кормил, хотя и вовсе не скрывал, что смертельно боится собственного гостеприимства. Позже, в первые недели после освобождения, и Игорь Александрович получил здесь приют. Три его двоюродные сестры (со страшной советской жизнью), увидев в Москве в 1948 году моего отца, появившегося, как привидение, из Парижа, в квартиру его не пустили: «Не приходи больше, нам страшно…». Появились они на нашем небосклоне только после десталинизации. Но и с дядей Геней они не общались, утверждая, что в 38-м он дал показания на родного отца, а потому «его вскоре расстреляли». Правда ли это? Я в это до сих пор не верю. Вместе с тем сестры были шибко православные. Кто их рассудит? Я любил их всех и по-разному был благодарен всем четверым. Никому из них коммунисты своими расовыми законами («лишенцы по сословной принадлежности») не дали доучиться, у одной из них был жених, но еще до венчания и его расстреляли.

Геннадий Тимофеевич жил (очень плохо) преподаванием «музлитературы». Промышленные количества портвейна «Лучший» убедили его в правоте слов товарища А.А. Жданова, и он проклинал Шостаковича с Прокофьевым. Как многие в его поколении, сочинял доморощенные вирши и музыку, разговоров о политике не вел, но меня слушал внимательно. По ходу моих толканий в разные институты советов не давал, что выйдет из моих стараний, ему было неведомо; завершенного образования получить ему Советы тоже не дали. Если бы не он, то никакой Москвы не видать мне как своих ушей, а значит, двадцать лет спустя мне и моим родителям было бы не видать и Парижа.

Не поверите, но при виде него – сгорбленного, шатающегося, в опорках – даже издали сразу становилось ясно: человек из благородных! Ведь и на расстоянии тягловый битюг отличается от английского скакуна, даже неухоженного, как селекционная роза от дачного дичка. Однако года через три от рутины и портвейна дядя Геня преставился. Царствие ему Небесное!

***

Полная неспособность к предметам точным и естественным вместе с дерзостью и стремлением обвести-обойти советскую систему определили мои скитания по приемным комиссиям. Задел времени оказался абсолютно необходимым, что стало ясно в первый же день. Недоумевайте сколько угодно, но я вспомнил советы Рязанцева, данные мне в поезде Париж-Марсель, и первое место, где я показал заполненную анкету, был длинный стол с носорогообразными господами в Институте международных отношений. Секретарь приемной комиссии вчитался, передал соседу, тот дошел до конца первого листа и сказал: «Хоть вы и учились в школе рабочей молодежи, мы вас принять не можем». Я ушел, не спросив почему. Потому что тогдашний формуляр был составлен умно, я его полностью запомнил (по ходу хрущевской «оттепели» он в несколько приемов был сокращен и нивелирован). А тогда он содержал такие пункты: место рождения – та же *Булонь*; социальное происхождение обоих родителей – *из дворян*; проживали ли вы за границей? – *да*; есть ли родственники за границей? – *да*; сражались ли вы или ваши близкие родственники в белых армиях? – *да*; были ли вы или ваши близкие родственники на временно оккупированных территориях? – дважды *да*; были ли вы или ваши близкие родственники под судом и следствием? – *да*, конечно же. Чуть ли не единственный вопрос, на который я ответил отрицательно, был такой: «Уклонялись ли вы от генеральной линии партии?» Уверен, что и сейчас эти листки могли бы позабавить интересующихся современной историей.

Потом я пошел в приемную комиссию Института восточных языков в Сокольниках, тогда еще не объединенного с МГУ. Мой расчет был таков: французский знаю, вьетнамский выучу, что будет только в пользу. Моя анкета легла на стол серолицего функционера и произвела увеселительное действие.

Функционер был один в кабинете, в анкету вглядывался долго. И вдруг его охватил явно несвойственный этим людям приступ хохота, как у персонажа плохой кинокомедии. Он не мог остановиться. Вытерев глаза, вежливо сказал: «Извините. Мы вас принять не можем, а если и примем, то на работу не распределим».

Выбор первых двух мест, куда я ткнулся – далеко не все дети первых секретарей райкомов или первых секретарей советских посольств дерзали мечтать о поступлении туда, – воспринимается как сочетание наивной глупости и нежелания считаться со всем до того пережитым. Я был подобен персонажу оруэлловского романа «1984», мною тогда не читанного. При всем моем ульяновском опыте я находился в полном неведении, что такое антиутопия. А попросту – был дураком, без писаного закона и без смирения с беззаконием. Виртуальное абитуриентство в этих кузницах номенклатуры «безумством храбрых» не назовешь.

Третье место, куда я поехал, был филологический факультет университета на Моховой. Я продолжал рассуждать: французский знаю, изучу филологию, буду преподавать, напишу диссертацию... Заметьте: МГИМО, ИВЯ, МГУ – некая советско-иерархическая нисходящая этого маршрута уже была очевидна.

Приемная комиссия находилась на втором этаже роскошного здания с полуротондой. Объяснить не могу, но состав воздуха в помещении, где принимали документы, был обоняемо другим по сравнению с двумя предыдущими вузами. И даже по внешнему виду другие сверстники в очереди и не те преподаватели-чиновники. Мне сказали: «Подождите…»

Скоро ко мне подошел седоватый человек в хорошем костюме. Деканом тогда был очень всем запомнившийся Роман Самарин. В обращении чувствовалась расположенность, а в голосе – сочувствие: «Вы должны знать, что с такой анкетой мы вас принять не сможем. Подумайте: или сдавайте у нас и с экзаменационным листком поступайте в другое место, либо сразу попробуйте в другой институт». Первый человеческий подход! Мое решение было спонтанным: «Попробую в другое место». И почувствовал, как бы облегчение!

Все эти недели больших надежд я не ходил ни в кино, ни в музей, вообще никуда, оставался с дядей Геней. Он был не советчик, молчал и пил. С кем же обсудить?

Близкая по Парижу Нина Рещикова перебазировалась в СССР в 1947 году. С похожей биографией Нина поступила (о, чудо!) на французское отделение педагогического факультета Института иностранных языков, еще не имени Тореза, на Метростроевской. Вскоре вышла замуж за художника, москвича Ивана Бруни, и это избавило ее впоследствии от распределения в глушь. Я поехал к Нине и все рассказал. Ей (не мне) пришла в голову идея: попробуй к нам в Иняз.

К тому моменту трижды испытанное «битье мордой об стол» стало давать во мне накопительный эффект: чувства отчаяния, сознательной ненависти, понимания, что ждет возврат в Ульяновск. С этим набором внутри себя я поехал в Иняз на Остоженку-Метростроевскую, тогда еще красивое здание, созданное архитектором Жилярди. Время после обеда, те же столы в коридоре на втором этаже. «Подождите». Спустя некоторое время: «Вас хочет видеть директор».

Табличка: «Пивоварова Варвара Алексеевна, директор». Неприглядный кабинет, большой Ленин на стене, гладкая прическа, широкий белый воротничок, платье коричневое, как бы гимназическое. Взгляд бесцветно пристальный. Первая ассоциация: по внешности и возрасту похожа на Екатерину Федоровну Тупицыну, директора Первой средней школы Ульяновска (до нее в этой должности был отец А.Ф. Керенского). Там я проучился год, и именно она мне ставила двойки за сочинения, где слово «Бог» я писал с заглавной буквы.

Недавно я пробовал «пробить» Пивоварову в Гугле – результат плачевный: только годы начальствования в институте; на сайте партийных работников содержится упоминание о четырех военных годах, когда она была заведующим сектором школ ЦК ВКП(б). Доцент политэкономии. Говорили, что карьера началась с курсов ликбеза Буденновской дивизии. Ее сестра работала освобожденным секретарем парткома Издательства литературы на иностранных языках. Вот и вся на сегодня гласность.

Заявление о поступлении я заполнил на переводческий факультет. Состоявшийся с Пивоваровой первый диалог остался в памяти не слабее арестов и других травм. Память зафиксировала все, вплоть до каждого слога. Затем с немалыми перерывами наше общение длилось более пяти лет.

– Почему вы хотите стать переводчиком? – Потому-то и потому-то...

– Почему вы выбрали наш институт? – Из-за того, что… знаю, что есть репатрианты, которые его окончили и были очень довольны.

– Вы с ними встречаетесь? – Да.

– Организации создаете? – В ответ молчу.

– За что арестован ваш отец? – Не знаю, считаю, что неправильно.

– Что делал ваш отец во время Гражданской войны? – Был в армии генерала Врангеля (все это уже есть в анкете).

– Белогвардеец, значит? – Молчу.

– А что делал ваш отец во время Отечественной войны?

Тут у меня в голове нарисовался благоприятный поворот разговора:

– Участвовал в движении Сопротивления, был арестован гестапо и отправлен в Бухенвальд.

– А! Значит, провокатор?!

Пивоварова еще не договорила последнего слога своей реплики, как меня охватило состояние аффекта, помрачения, все запомнилось только отрывочно – что-то подобное произошло в жизни еще только один раз, как говорится, на личной почве, и то в четверть силы.

Враз перегорели предохранители выживания, защищавшие меня все шесть лет с приезда в СССР. С тех пор мне понятно, что состояние аффекта есть смягчающее обстоятельство. Иногда даже при убийстве.

Сантиметрах в двадцати от меня стоял письменный прибор из зеленого малахита: две чернильницы, длинная державка для ручек и плотный поддон. В одно мгновение я поднял этот прибор и грохнул его об стол. Я помню при этом свой голос – это был не крик, а скорее как бы рычание… Но ни слов, ни последовательности изложенного не могу восстановить. Смысл был тот, что не отбуду из Москвы, пока ее не накажут, что дойду до всех инстанций, что мне терять нечего, а ей лучше бояться, и сильно!

Когда меня отпустило, в кабинете стояла секретарша, моя собеседница была сера лицом, мелко дрожала и тихо сказала секретарше: «Идите». Я даже не испугался, а медленно отходил, возвращалось дыхание.

Заговорила Пивоварова: «На переводческий я вас принять не могу, на факультет английского языка тоже, подавайте на факультет французского языка. Учтите, что, когда будет распределение, я вас направлю в Казахстан. Оставьте документы в секретариате».

Секретарша назвала день, когда прийти за экзаменационным листком. Инстинктивно ни дяде Гене, ни Нине Рещиковой и никому другому я эту надреальную «беседу» не пытался воспроизвести, не хотелось.

Реакция Пивоваровой на мой монолог и поведение, заставивших ее дать задний ход, мною поныне не разгаданы, и если изыщется советолог-психолог, который расшифрует, будет ему от меня большая благодарность. Одно неопровержимо: никогда я не находил в ней ни молекулы сочувствия или человечности. Об этом свидетельствуют пять с половиной дальнейших лет всякий раз насыщенной, взаимно отторгающей ненависти при редких встречах (можно допустить – сословной?).

Конкурс был в те годы неустрашающим, и о том, что не выдержу, я не думал, но в череде первых неудач уже вспоминался обмен репликами с коллегой-фрезеровщиком в инструментальном цехе незадолго до ухода с завода: «Никита, получишь аттестат, что делать будешь?» – «Постараюсь поехать в Москву, в институт». После паузы: «Наполеоновские мысли у тебя».

Человек несомненно был носителем народного здравого смысла.

Через несколько дней я поехал на Метростроевскую за экзаменационным листком. Те же длинные столы приемной комиссии, меня просят подойти к председателю. Женщина с округло-мучнистым лицом с изобилием макияжа, в полупрозрачной белой блузке (такими часто были в те годы офицерские жены). Фамилию запомнил – Миронова. Потом узнал, что она была бессменным секретарем парткома института. «Вы иногородний, для сдачи вступительных необходима прописка в Москве». – «Но ведь многие приезжие сдают без этого?». На ее лице мелькнула улыбка, и последовал ответ по-французски с небольшим акцентом: «Comparaison n'est pas raison» («Сравнение – не убеждение»). Листок вручила.

Найденный ими ход был изобретателен, как бы неотразим и вел к окончательному решению вопроса моего поступления. И если бы не расположение коммуналки дяди Гени на Селезневской, то эпизод этот для меня мог оказаться похуже любого Ватерлоо для императора Наполеона! На пол-этажа ниже квартиры находилось отделение милиции, и по окончании рабочего дня сотрудники этой структуры охотно спускались вместе с аристократом Геннадием Тимофеевичем в соседние палатки «Пиво-воды». Странно, что дядя Геня сумел стать для них одним из «своих» собутыльников-собеседников. С женщинами, работавшими в отделении милиции, общалась обитатель коммуналки тетя Клава, из раскулаченных, не очень грамотная, но очень набожная. Каждый раз, когда я уходил по своим мытарствам, она мне говорила: «Никит, как что, скажи про себя: «Помяни, Господи, царя Давыда и всю кротость его» – и все получится».

Помогло.

Вдвоем с дядей Геней, захватив домовую квартирную книгу, мы спустились в паспортный стол. Паспорта, аттестата, экзаменационного листка и друга-собутыльника без труда хватило для получения согласия на месячную прописку.

Увидев штамп в паспорте, Миронова посмотрела на меня озадаченно. Экзамены я сдавал легко, мысли о том, что меня могут завалить, не было. А зря – вполне могли. С Васей Бруни[31] вдвоем мы поехали смотреть вывешенные списки принятых… И я там был!

На факультете, где училось пятьсот человек, было только четыре студента мужского пола: на пятом курсе ни одного, на четвертом один, немолодой латыш, на третьем единственный – одноглазый, на первом – я, Никита Кривошеин, и безногий Эдуард Иванов (мы с ним подружились, его потом таскали на допросы после моего ареста).

Одежды после нашей репатриации, кроме валенок, ватника, ушанки, практически я не покупал. Донашивал отцовское, мне коротковатое. Поначалу за спиной слышалось хихиканье номенклатурных дочерей, от насмешек мне становилось дискомфортно, но скоро прекратилось и то и другое.

По дарвиновскому принципу выживания уже на третий месяц в институте я начал работать в Издательстве литературы на иностранных языках, сперва подчитчиком, а вскоре и одним из самых высоко ценимых толмачей на французский. Потом появилась и собственная пишущая машинка из комиссионного магазина на Арбате – источник многих рублей за переводимую на французский язык коммунистическую ложь. Попутно произошло привыкание к табакокурению, потреблению алкогольных напитков, интуитивное нахождение сверстников, настроенных

---

[31] Василий Львович Бруни (1934 – 2014, Москва) – геолог, страстный путешественник и очень добрый человек. Внук поэта Константина Бальмонта, сын Нины Константиновны Бальмонт-Бруни и художника Льва Александровича Бруни.

враждебно к существующему строю, писание в инстанции о деле отца, пребывавшего в Марфинской шарашке…

Первые зимние каникулы я провел в Ульяновске; увидел то, от чего спасся. Зарабатывал я уже так, что ехал к маме в мягком вагоне и вез ей сорок килограммов столичных продуктов и много гречки. Еще год назад я пустился в, казалось, безнадежную чеховскую авантюру – Москва, Москва… Для поступления в вуз я ехал в общем вагоне без плацкарты. На пересадках, когда не везло, доставалась только третья верхняя полка для багажа, не поперечная, а продольная, с отопительной трубой у стенки, к которой, чтобы не упасть, я привязывался ремнем; внизу – несметное количество снятых валенок и портянок, храп, мат, вонь, обстоятельные повествования о подробностях физиологической жизни.

***

Но оставался квартирный вопрос: продолжать физически пребывать у дяди Гени было невозможно, хотя благодаря ему прописка там без труда превратилась из месячной в годовую. Владимир Николаевич Беклемишев вспомнил о пожилой даме, начинавшей свой трудовой путь в личной канцелярии моего деда Александра Васильевича Кривошеина. У Советов до нее руки не дошли, и она, бедствуя, доживала с другой такой же дамой в двадцати минутах от станции *Железнодорожная* Курской ветки, бывшая *Обираловка* – кто помнит «Анну Каренину».

Мое появление для нее было как из рассказов Гофмана или, тогда этого не знали, некоей булгаковщиной. Закуток для меня нашелся рядом с сенями, смежный со стойлом коровы. Холодно, вставать очень рано, но и возвращаться из города рано не с руки – хотелось и в кафе, и с новыми друзьями посидеть. Записался на прием к Пивоваровой, попросил предоставить место в общежитии института. Это было шестиэтажное, роскошное – пять человек на комнату – здание в центре города, на Маросейке.

Блиц-прием: «Вы места в общежитии не получите, даже заявления не подавайте».

Память стала восстанавливать частые разговоры ульяновских и других репатриантов о Переселенческом управлении при правительстве. Наивных белоэмигрантов, вернувшихся из свободного мира, эта служба распределяла по городам, часто по признаку, как я уже писал, бывших имений. Кому повезло, того направляли в Ташкент или Алма-Ату, там никого не посадили. Переселенческое управление покупало билеты, выдавало подъемные, связывало со своими отделениями в областных центрах.

В Ульяновске от заведующей переселенческим отделом Облисполкома Веры Григорьевны Золиновой мы впервые услышали утверждение «Органы никогда не ошибаются». Когда мама сказала, что не в силах стать уборщицей в парикмахерской, Вера Григорьевна дала ей подписать отказ от трудоустройства. Это был по сути вечный «волчий билет».

Нужда песенки поет: вспомнил, что много хорошего слышал от еще не посаженных бывших парижан о некоем Пронине в Центральном переселенческом управлении. Отыскал его, оно оказалось на Софийской набережной, где я и нашел Пронина, человека с сильно выступающими вперед верхними зубами. Рассказал о посадке отца, заводе, поступлении в Иняз, о необходимости общежития. О Пивоваровой, конечно, ни слова. Он меня не прерывал, вопросов не задавал.

«Мы сейчас напишем в Министерство высшего образования, а вы сами им отвезете». Письмо на полстраницы: *просим содействовать такому-то в получении места в общежитии.*

Пронин был одним из носителей «блуждающего» безмолвного добра – полностью вытравить в людях совестливость у большевиков не получалось, в том числе и среди номенклатурщиков, даже среди лагерных надзирателей и соседей по коммуналкам... Ни Феликс Эдмундович, ни Николай Иванович Ежов с Лаврентием Павловичем доброту не выжгли. Предположу, что советская власть развалилась во многом из-за этой неудачи. В Китае и Северной Корее совсем по-другому: тамошние коммунисты в соцсоревновании одержали полную победу по результатам уничтоженных и уничтоженного.

В Министерстве высшего образования, на улице все того же тов. Жданова, меня направили в приемную заместителя министра Прокофьева (все эти фамилии поныне занимают свои ячейки в моей памяти). Секретарша прочла, сверила данные. «Вам напишут».

Время – конец октября. Вызывают к директору. Секретарша: «Вам предоставляется место в общежитии». Существенный факт: Пивоварова тогда отсутствовала несколько недель, чего я знать не мог. Вот это называется везение!

Очень быстрое оформление, вселение. Скажу без преувеличения – это было счастье. Не упустил возможности зайти на Софийскую набережную поблагодарить. Пронин слушать не хотел, весь сжался, ждал, чтобы я ушел.

Вскоре меня вызвали к вернувшейся Пивоваровой. С багровым лицом она заявила: «У меня дети погибших в Отечественную войну по углам ютятся, а тут сын врага народа получает место в общежитии! Что вы сделали? У кого были?»

Я сразу смекнул, что бумагу от министерства ей не отыграть и вместо ответа развел руками. Она поняла, что сделать ничего не сможет. «Идите».

В эту первую московскую зиму сложилась нараставшая уверенность в близости конца света или почти желанной войны. Как в лагерных куплетах того периода:

А теперь мы сидим на Лубянке
И лелеем надежду одну,
Чтобы наши спасители-янки
Развязали скорее войну.
А почему, потому что мы фашисты,
Лагерь стал для нас родимый дом.
Первым делом перережем коммунистов,
Ну а янки, янки выгоним потом.
Не страшны лагеря и кондеи,
Нас чекистам теперь не сломить.
Даже сталинские ротозеи
К дяде Сэму уходят служить.

Отец мне рассказывал, как его солагерники взывали к ядерному удару: «Лучше ужасный конец, чем ужас без конца». Апокалиптическое «накануне» в прошлом бывало нередко, оно сопровождало и эпидемии, и Наполеона.

Наступило 11 января 1953-го – увертюра светопреставления: «Подлые шпионы и убийцы под маской профессоров-врачей!» В этот вечер и случился уже упоминавшийся эпизод с Мишей Грисманом, которого я встретил в гостях у однокурсницы на Большой Бронной.

В эти же недели я сдаю зачет по истории партии. Готовлюсь как могу. Последний вопрос доцента Зайцевой (белый воротничок, как у Пивоваровой): «А что сказано на 54-й странице труда товарища Сталина «Экономические проблемы социализма в СССР»?» Молчу. А она: «Сказано…» – и шпарит четыре фразы наизусть.

По этим меткам в календаре и в памяти устанавливаю, что ужин с Анной Андреевной Ахматовой состоялся до ареста врачей и до экзаменов. Очевидно, в ноябре или декабре 1952 года. Вася Бруни после моего поступления в институт повел меня к Константину Абрамовичу Липскерову, сказав: «Тебе будет удобно к нему заходить». Он жил стена в стену с Инязом, в Померанцевом переулке, в сохраненном за владельцем особняке филолога Сергея Шервинского. Из особняка его не выселяли, что было уникальным случаем – отец Шервинского, видный врач, лечил Ленина.

Атмосфера ужаса сгущалась каждый месяц: безавтомобильная Москва, ночные аресты, глобальное доносительство, беззвучные – тем и страшные – толпы в черных ватниках и пальто, которые, рыдая, будут следующим мартом друг друга усердно давить, стремясь узреть гроб с вождем.

У Липскерова этот макаберный антураж забывался. Поэт и переводчик, когда-то он учился живописи, иллюстрировал Гофмана, с юности увлекался Востоком. То ли заработав переводами Низами и Саади, то ли еще как, но он стал обладателем дивных картин (аж собственный Фрагонар у него висел!).

Кажется, с третьей фразы после нашего знакомства Константин Абрамович сказал: «Как жалко, что вы не появились у меня на прошлой неделе, я продал замечательный портрет работы Павла Кузнецова, а на нем была табличка «Из коллекции А. В. Кривошеина», вашего деда, я бы вам картину отдал». После того как узнал его лучше, я понял, что это были слова, сказанные не из светской вежливости.

На втором этаже особняка располагались две просторные комнаты. Несмотря на еще молодой возраст, Константин Абрамович выглядел глубоким стариком. То ли инсульт у него был, то ли паралич и почти утраченное зрение. Вася Бруни к нему ходил уже много лет, готовил чай-кофе и читал вслух, но, несмотря на Васину доброту и терпение, наверное, Липскеров ему поднадоел. Поэтому он попросил меня о том же. Я с радостью эту эстафету принял и стал регулярно его навещать, в среднем раз в неделю. Память о парижских квартирах преуспевших эмигрантов у меня оставалась. Так что старая русская и английская мебель не удивляла, как и полный набор журналов «Аполлон», «Мир искусства», «Весы». Красивый автопортрет Михаила Кузмина. На верхней полке – небольшая, в золотой раме, жанровая сцена письма Буше: она в кружевах на качелях, он сзади подталкивает. И еще много чего, что доставляло большую радость для ума и глаз. У меня впервые всплывала в памяти наша парижская квартира, тот же запах мебели и книг. Константин Абрамович обо мне расспрашивал мало, главное из моей биографии он выяснил за один разговор.

Он просил, чтобы чай был крепким, в определенной чашке. Потом: на такой-то полке, в таком-то месте стоит сборник Вячеслава Иванова, такая-то статья или поэма. Любил стихи эмигрантки Елены Гуро. И тому подобное. Собственных переводов и стихов он не просил меня читать. Иллюстрации Льва Бруни (близкого к «Бубновому валету») к Низами в переложении Липскерова я видел на Большой Полянке у Нины Константиновны Бруни, вдовы художника. То, что называют «действительностью» за окном, в наших разговорах с Константином Абрамовичем как бы не существовало. Но о Париже и Франции я ему много рассказывал.

В одно из посещений он мне сказал: «У меня будут гости, которые хотят с вами встретиться. Приходите вечером такого-то дня».

Были две дамы: Анна Андреевна Ахматова и… мне даже не очень стыдно, что фамилии спутницы Анны Андреевны, ее внешности и слов я совсем не запомнил: ее молчание прерывалось исключительно необходимыми по ходу ужина фразами, иногда адресованными мне улыбками. Полагаю, что дама была из семьи Ардовых.

Об Анне Андреевне мои представления сводились к двум моментам. В Париже в возрасте приблизительно десяти лет я освоил довольно беглое чтение кириллицы и с годами все чаще стал открывать родительский библиотечный шкаф. Наиболее четко остались в памяти малоформатные книги, стихотворные сборники берлинского издания «Петрополис» – с ятями. Были там «Tristia» Мандельштама и «Четки». Не исчезло отроческое восприятие сборников – и визуальное, и бумага, и даже, казалось, звуковое. Конечно, не «содержание». Я знал ждановские постановления (14 августа 1946 г.) и о запрете журналов «Звезда» и «Ленинград», но все это у меня никак не увязывалось ни с личностью, ни с поэзией автора «Четок», о которой в этом жутком постановлении было сказано как о «типичной представительнице чуждой нашему народу пустой безыдейной поэзии».

Весь вид этой величественной женщины, лицо, голова, руки, фигура, взгляд, голос и его тембр, замечательные по сочетанию скромности и безупречности одежда, неторопливая речь и способность, не прерывая, слушать – все это осталось во мне до сих пор, так, как будто было вчера. Сказанное можно свести к слову «красота», но суть тогдашнего восприятия шестидесятилетней Анны Андреевны – это скорее завораживающая сила. От знакомства и до прощания ощущалась в ней отстраненность от того, что она говорила, и от собеседников. В самом начале ужина (было и белое грузинское) Константин Абрамович заметил мне: «Анна Андреевна хотела вас порасспросить».

Она тут же сказала, что ее сын, Лев Гумилев, сидит и что она знает, что с моим отцом то же самое. И что я хлопочу. И прибавила: «По нашим временам это большая редкость, что вы пишите во все инстанции». Разговор с самого начала пошел естественно. К своему стыду, я тогда не знал, кто ее сын и отец сына, сама она не уточняла, а только выяснилось, что по третьему разу посадили – в ту же осень 1949-го, что и Игоря Александровича. Она попросила рассказать подробнее о положении отца. Я говорил о хождении в приемную МГБ на Кузнецком, в приемную Главной военной прокуратуры на Кировской. Как там лаконично хамили после длинных многочасовых очередей, а иногда прибегали и к угрозам. Говорил, как моя мать и я писали многажды в «инстанции», в какие сроки, за какими подписями и в какой одинаковой редакции приходили (всегда!) ответы. Мотивы и обстоятельства нашей репатриации Анну Андреевну вроде не интересовали.

Следующая наша общая тема – отправка посылок в лагеря. Вес и ассортимент продовольствия, посылаемого из столицы в провинцию, был ограничен. Иначе весь «Елисеев», еще тогда преизобильный, и все другие московские продмаги разъехались бы по необъятным просторам. Посылки принимались в открытом виде и заколачивались прямо у окошка. Я поделился адресами двух отделений связи, методом проб и ошибок мною изысканных, где девушки, за рубли, украдкой, давали заколачивать фанерный ящик, не проверив, что внутри. Анна Андреевна эти адреса переспросила, явно чтобы запомнить.

В какой-то момент всеми за столом почувствовалось, что сводить беседу только к этим сведениям вроде неловко. Наступила пауза перед подачей сладкого. У Анны Андреевны сменился тон, на более насмешливый. Обращаясь уже не только ко мне, она заметила: «Вот все мы здесь сидим, любим Достоевского и не любим Толстого. А я знаю, почему Лев Толстой смертельно завидовал Достоевскому – потому что тот на каторге побывал. Толстой бил себя в грудь и приговаривал: „Хочу в тюрьму, в настоящую, чтоб со вшами была“».

Вскоре я откланялся. Константин Абрамович скончался почти год спустя, в октябре 54-го. Насколько я знаю, его коллекция была распродана очень не похожим на него родным братом, фотографом ТАСС.

***

Шесть месяцев спустя, 30 июня 1954 года, двое старшин вывели моего отца из 2-го подъезда Лубянки. Один из них нес узел, в нем среди тряпья и скарба лежал кусок ржаного хлеба. Когда отец укладывал имущество, старшина заметил: «Пайку возьмите, пригодится»[32]. Освобождение состоялось согласно постановлению от 14 июня 1954 года Комиссии по пересмотру дел: «О прекращении дела по обвинению И.А. Кривошеина в соответствии со статьей 204б УПК РСФСР».

Статья эта – «Недостаточность улик». То есть полуторагодовому следствию не удалось установить «сотрудничества с международной буржуазией». Но не это было самым досадным в его отсидке.

Мы с отцом сразу поехали к дяде Гене на Селезневку (комната папу ждала), а потом чередовали с дачей Владимира Николаевича Беклемишева. Рассказывать подробно о вхождении отца в «плотные слои атмосферы» на пути возврата из тюремной невесомости надо отдельно – габитус его был очень скверный. В первую неделю в течение нескольких бессонных ночей по принципу тысячи и одной ночи были сплошные рассказы друг другу и про отсидку, и про мои злоключения. В том числе – обстоятельно о моем поступлении в Иняз, а заодно и о попадании в общежитие, которое мы с отцом по ходу наших перемещений посетили.

Недели через две отец сказал: «Устрой мне прием у Пивоваровой, хочу ей отомстить».

---

[32] Хотя, когда меня освободили в 1960-м, я свою пайку тоже взял, а мне потом друзья лагерники сказали: «Никита, плохая примета. Нельзя брать, иначе опять арестуют». – НК

У директора института были часы приема, я записался. Пришли вдвоем, я здесь после эпизода с общежитием ни разу не был. О том, что за месть приготовил отец, я не спрашивал, думал, мне будет приятный сюрприз. Так и получилось.

Варвара Алексеевна приподняла брови, увидев меня не одного. К тому моменту Игорь Александрович смотрелся уже не совсем доходягой. Я молчал. Отец представился, объяснил, кто он и откуда. Важно отметить: его реабилитация была по времени одной из первых и служила как бы эталоном для пересмотра следующих репатриантских дел. Скоро таких, как он, репатриантов было много выпущено прямо из лагерей, но уже без преследствия. Кроме прекращения «дела врачей» и ликвидации Берии, ничто не предвещало XX съезда с его десталинизацией.

Игорь Александрович продолжал говорить: «Сын мне рассказал, как в трудное время вы его ласково и заботливо встретили (*пауза*), всячески помогли с поступлением (*пауза*), а потом и устройством в прекрасное общежитие (*пауза*). Справедливость и закон восторжествовали (*пауза*), я полностью оправдан и не мог не прийти сказать вам спасибо». По ходу его недолгого монолога в меня вселился тихий, безмолвный восторг. Я смотрел на папину собеседницу. Тип лица – с восточинкой, так что заметно было, как у нее двигались желваки. Она окаменела от страха. Чувство текущего момента и политическая интуиция ей не изменили. Дрожащим голосом произнесла: «Я выполняла свой долг».

Мы вышли от Пивоваровой и пошли в пивной бар на Пушкинской площади. Сидели долго. Стали просить счет,

счет все не несли. Игорь Александрович встал из-за столика: «Пойдем. Хотя бы этот ужин они мне как минимум должны».

Летом 1957-го подошло время государственных экзаменов. Дипломная работа у меня получилась хорошо, по результатам я шел на диплом с отличием, дававший право на «свободное распределение». Последнее из испытаний – экзамен по основам марксизма-ленинизма. Может быть, не без некоего мазохизма материю эту я освоил оптимально. Объявляют «тройку» (увы, до свидания, красный диплом)! Преподаватели кафедры французского языка, да и французской литературы, узнали об этом даже не от меня и возмутились. На последних курсах я им охотно (хорошие люди в большинстве) чем мог помогал (нахождением книг, справками и т. д.). Они пошли делегацией на кафедру Передового Учения: «Вы же человеку диплом портите, он дисциплину хорошо знает». Доцент Иван Жолдак, не посаженный ветеран Испанской войны, вспылил: «А вы знаете, за кого просите?!» Они тихо ретировались и смущенно рассказывали мне потом об этом. Так что я подлежал распределению на работу вне Москвы и даже далеко от нее.

Мне это было вполне все равно. За институтские годы мне удалось преуспеть и в письменных переводах, и в только начинающемся в Москве синхроне. Незадолго до этих экзаменов Наум Слуцкер, тоже не посаженный ветеран-испанец, зам. главного редактора многоязычного еженедельника «Новое время», от многолетнего страха ставший очень хорошим человеком, твердо обещал взять меня на постоянную переводческую должность.

Комиссия по распределению заседала в самом кабинете Пивоваровой, тут же деканы и главные зав. кафедрами.

Выпускников около ста, ждать долго. Подошла моя очередь. Явно подготовившись к этому моменту, Пивоварова говорит: «Казахстана у меня, к сожалению, нет. Выбирайте между Красноярским краем, Томской областью и Дагестаном». С ходу отвечаю: «Варвара Алексеевна, куда посоветуете, туда и поеду». Повысив голос: «Нет, вы должны выбрать сами». – «Тогда Дагестан». – «Распишитесь».

Я туда не поехал, но сколько счастливых походов по тамошним горам было лет шесть-семь спустя! Сколько километров было пройдено с солагерниками Бычком и Пузырем, с замечательным химиком Сашей!

Больше очных встреч с этой сволочью Пивоваровой у меня никогда не было.

Однако заочно директор Иняза несколько месяцев спустя, в феврале 58-го, безуспешно попробовала сделать мне еще одну неприятность. Шло к концу шестимесячное следствие по обвинению меня в совершении особо опасного государственного преступления.

Два следователя, майор И.В. Орлов (из бывших морских офицеров) и старший лейтенант Владилен Александрович Алексаночкин (молодой выпускник юрфака), усердно, но скорее беззлобно занимались наполнением аж целых трех томов посвященного мне следственного дела.

Буквально жизнеопасно допрашивал меня очень неглупый и коварный полковник И.Т. Панкратов. Будучи майором, он в 1951-м выбивал признания из моего отца. Сватовством я никогда не занимался, но уверен, что у этого господина с Варварой Алексеевной Пивоваровой сложился бы счастливейший брак!

По ходу одного из трех последних допросов Орлов, перейдя на доверительность, сказал: «Никита Игоревич (несмотря на молодость обращение по отчеству), а какие у вас сложились отношения с руководством института, где вы учились?» – «Самые плохие». – «Как и положено, мы запросили на вас характеристику. В ответ получили такие о вас выдумки, каких мы никогда ни о ком не видели. К делу приобщать такое невозможно, мы отослали назад».

Трудно вообразить, что в этой маляве было наворочено, если сама ГБ её отвергла! И правда: когда зимой 1991-го я знакомился со своим делом в архиве ФСБ на Кузнецком, то ничего от Иняза там не было. Жаль, что сочинение Пивоваровой осталось мне неизвестным – оно наверняка было сильным.

По отбытии трехлетнего наказания в Дубравлаге, я в начале 1960-х проживал сперва в Малоярославце Калужской области, потом в Москве, где у родителей появилась однокомнатная кооперативная квартира в качественном кирпичном доме на Парковой в Измайлово. К ним регулярно приезжал сосиделец и друг моего отца Лев Зиновьевич Копелев[33]. Мы очень его любили и общались с ним вплоть до его кончины в Кельне тридцатью годами позднее.

Как-то, обращаясь ко мне, Копелев сказал: «Анна Андреевна Ахматова была бы очень рада, если бы вы к ней зашли». Ответил я невнятно, и приглашение это хоть меня и удивило, но не вызвало немедленной реакции.

---

[33] Лев Зиновьевич Копелев (1912, Киев – 1997, Кельн) – русский писатель, германист, правозащитник. Несколько раз был арестован, последний раз в 1947 году, отбывал срок вместе с И.А. Кривошеиным и А.И. Солженицыным в «шарашке» в Марфино. Стал прототипом Рубина в романе Солженицына «В круге первом».Освобождён в 1954-м, реабилитирован в 1956-м. Большой друг писателя Генриха Бёлля.

Спустя несколько месяцев приглашение повторилось с просьбой ответа.

Анне Андреевне после нашего с ней обсуждения хлопот о сидящих и лагерных посылках, думаю, было просто интересно снова встретиться с собеседником, которого, после той встречи у Липскерова, и самого угораздило попасть на Лубянку и в зону. Тогда у меня возникло состояние *ложной скромности*: кто я такой, чтобы занимать великого человека своими рассказами! Значение Анны Андреевны мне за это время стало понятным, я теперь знал много о ней, о ее муже и сыне. Ложная скромность тождественна великой гордыне: не могу поныне себе этого уклонения от встречи простить. Попробовал, незадолго до того как покинуть СССР, испросить прощения у нее на красивой, с кованым крестом могиле в Комарово.

Журнал «Звезда», 2013 г.
Текст дополнен в 2023 г. Париж.

Набережная Сены.

Семья Кривошеиных, 1946, Париж.

Елисейские поля.

Никита, 1945, Париж.

Просвещения плоды

Как говорил великий Владимир Набоков, «самое любимое занятие – перечитывать собственные изданные тексты». Он по многу раз вычитывал свои рукописи, а к своим интервью относился с еще большей придирчивостью: почти всегда вопросы журналистов были известны заранее, они тщательно обдумывались, и писались шпаргалки. Мне далеко до Набокова, но сей текст я перечитал в 2023 году и понял, что его необходимо скорректировать, поскольку за прошедшие восемь лет произошли события, перевернувшие весь мир.

В нашем парижском храме на улице Петель (Московская Патриархия) с его основания в 1932 году поминают *Богохранимую страну нашу, власти и воинство ее.* Это поминание призывало к снисхождению Благодати Небесной на товарища Сталина и РККА[34], а сейчас имеются в виду администрация РФ и воинские части, временно пребывающие в Сирийской Республике и суверенном государстве Украина. Насчет церковно-государственной *симфонии* и отношений властей духовных и светских лучше было бы читать Апостолов и Соборы, или не слишком вникать, что и делали до недавнего времени верующие РПЦ. Сирия далеко, и многим восточное христианство непонятно, а вой-

[34] РККА – Рабоче-Крестьянская Красная Армия: официальное название вооружённых сил СССР с 1918 по 1943 г.

на, которую 24 февраля 2022 года начала Россия против Украины с заведомо победного наскока – в три дня занять Киев и Лавру, – вызвала разнонаправленные эмоции в русской диаспоре. Сейчас, после двух лет войны и жесткого сопротивления украинцев и всего свободного мира, который встал на защиту Украины, симфония власти и церкви усилила гром фанфар до того, что патриарх Кирилл пропел осанну атомной бомбе, «созданной под особой защитой пр. Серафима Саровского». Эти заявления не прибавили энтузиазма в рядах православных прихожан, и многие перестали поминать в своих молитвах патриарха Кирилла, некоторые ушли в другие юрисдикции, а есть и такие, кто молится у себя дома. Мы вернулись во времена Сталина и Хрущева: преследуют инакомыслящих клириков (!) – но тех, кто «за мир», а тем, кто «за войну», выдают медали. В 1960-1970 годы я много переводил для международных организаций и помню, как тот же молодой Кирилл Гундяев и молодой Алексей Ридигер (оба будущие патриархи) со всех трибун, в СССР, в ООН, во Всемирном совете церквей в Женеве, повторяли как мантру: «нет – войне, миру-мир, долой гонку вооружений, нет— атомной бомбе…».

Как сказал недавно, один из ярких и смелых русских протоиереев Андрей Кордочкин[35]: «Церковь сейчас проповедует войну, а я считаю, что это противоречит Евангелию. Как случилось, что лозунг „нет войне“, который мы помним с (советского) детского сада, оказался неза-

[35] Протоиерей Андрей Кордочкин (род. 1977, Ленинград) – доктор богословия, православный публицист, секретарь Испано-Португальской епархии РПЦ и ключарь кафедрального собора Марии Магдалины в Мадриде, один из 286 представителей духовенства РФ, подписавших призыв прекратить войну в Украине. В 2023 году вышел за штат РПЦ. Приведенный отрывок: А. Кордочкин, эссе «Бог Войны», журнал «5-я Волна», лето 2023 г.

конным? Церковь – не компартия, где на одном конце – человек на трибуне, который обращается ко всем от их же имени, а на другом – молчание ягнят. Церковь – это живое сообщество живых людей, и голос каждого в равной степени важен. Мы, христиане, не говорим о Церкви в третьем лице. Церковь – это мы, и никакой другой Церкви отдельно от нас не существует. То, с чем я часто сталкиваюсь – это даже не разочарование в Московской Патриархии как юрисдикции и даже не в Православии как таковом. Это разочарование во всем том, что принято называть организованной религией. Зачем нужны храмы, иконы, посты, молитвенные правила, если все это не действует и не помогает? Как с этим жить?

Православные не должны быть едины в общественно-политических вопросах. Но что делать, когда люди, проповедуя „единство" и „консолидацию", внесли невиданный раскол не только в гражданское общество, но и в Церковь? Что значит возглас „возлюбим друг друга, да единомыслием исповемы", если нет ни любви, ни единомыслия? Как причащаться из одной чаши с людьми, которые добровольно стали соучастниками страшного, безумного, необратимого преступления? А главное, зачем?»

Зимой 2016-го несколько раз после службы ко мне подходила талантливая молодая художница по тканям из Украины, знающая по году своего рождения о Советах чуть более, чем я об интегральном исчислении. Она прочитала о «зигзагах» моего бытия и восприняла их, как уравнение с четырьмя неизвестными: «Никита Игоревич, как же так? Ваши родители взяли советские паспорта после войны и оказались в Советском Союзе?

Что их дернуло?» В две фразы не уложиться, мой малоучтивый ответ был таковым: «В следующее воскресенье я вам расскажу».

После смерти отца в 1987 году всезнающий интернет мне напомнил, что Игорь Александрович уже в 1940 году вышел из РОВСа[36] и примкнул к «оборонцам»[37], как бы предтеча советских патриотов. Долголетняя активность мамы в казем-бековской партии «Младороссы», девиз которых был «Царь и Советы», готовила Нину Алексеевну в скором будущем стать адептом культа личности И.В. Сталина. В 1955 году, когда Глава (таков был титул Александра Львовича Казем-Бека[38] в созданной им промуссолиневской партии) сбежал от допросов ФБР из США под советское укрывище в Москву и стал хвалиться на четвертой полосе «Правды», что «всю жизнь торговал родиной оптом и в розницу», – после этого Нина Алексеевна отказалась с ним общаться.

Вероломное нападение на СССР в 1941-м поставило многих и в стране, и в немалой части диаспоры перед необходимостью экзистенциального выбора: «my country,

36 РОВС, Русский Общевоинский Союз — русская воинская организация Белой эмиграции в Европе. Создана 1 сентября 1924 года главнокомандующим Русской армии генерал-лейтенантом бароном Петром Николаевичем Врангелем. Александр Васильевич Кривошеин стал премьер-министром (председателем) Правительства Юга России в Крыму.

37 Позиция «оборонцев»: генерал Деникин, проживающий во Франции, находясь под давлением гестапо, демонстративно отказался сотрудничать с Германией и поддержать Власова. Белоэмигрантов, не пошедших на поводу у нацистов, назвали «оборонцами». Кроме Деникина в эту неформальную группу вошли бывшие белогвардейские министры Маклаков и Сукин, командующий флотом Врангеля Кедров и многие другие бывшие офицеры врангелевской армии.

38 Александр Львович Казем-Бек (1902, Казань – 1977, Москва) – лидер политического движения «Младороссы», белоэмигрант, публицист.

right or wrong» («права или неправа – но это моя страна»). Голодные, избитые энкэвэдэшниками, с огромными сроками политзеки из Магадана и Темняков стали проситься на фронт: находя наконец-то смысл в до того безнадежно абсурдной их жизни. Однако в Красную армию забирали из лагерей не только добровольно, но и насильно. Из уголовников и политзеков лепили штрафные батальоны, пускали на «мясные штурмы». Когда оказалось, что врага легко не победить, Сталин воскликнул «Братья и сестры!», вспомнил о Кутузове и Суворове, а в армии вернули погоны.

Провал Советов на фронте очень напугал Генералиссимуса: массы крестьян встретили вермахт с иконами (на занятых территориях немцы разрешили открыть храмы), были военнопленные, записавшиеся в РОА[39] к Власову, – они рассчитывали отплатить за коллективизацию, за сгинувших, сосланных и арестованных близких. Да и в эмиграции многим подумалось, что пришел день отбить Перекоп у Фрунзе и переиграть Октябрь. Петербуржский историк Кирилл Александров недавно блестяще защитил докторскую диссертацию о личном составе генеральского и офицерского корпусов РОА. Александров отмечает, что немало белых эмигрантов (им было тогда около сорока лет) добровольно пошли к Власову продолжать борьбу с большевизмом. О Дахау и Треблинке они знали тогда не больше жителей самой Германии, а желтые звезды в городах оккупированной зоны Франции их мало смущали: они относили их к старым предрассудкам.

---

[39] РОА – Русская освободительная армия, по разным данным, составляла порядка 120-130 тысяч советских военнопленных (1942-1944 гг.). Во главе армии стоял советский генерал А.А. Власов, перешедший на сторону вермахта.

Но были и другие русские, которые записались во французское Сопротивление; они спасали евреев, каждый день слушали сводки с фронта, а в соборе на рю Дарю молились за победу Красной армии. Мое довоенное детство с еже-воскресными длинными обеднями, друзья родителей и гости за столом, которые поражали набоковской чистотой речи, портрет Государя над моей кроваткой, триколорный флажок, на камине в гостиной в овальной рамке стояла невыцветшая фотография Олега Кривошеина, старшего брата моего отца. Считалось, что он в Гражданскую войну пропал без вести (позднее удалось узнать, что красные, взявшие Олега в плен, довели его пытками до повешения в камере). В кладовке, вместе с мешками утрамбованных опилок (в войну этим топились печки), находилась шашка, данная на вечное пользование папиным однополчанином Вельяшевым. На рукояти холодного оружия был изображен большой царский вензель «Н-II». Мне давали этой шашкой поиграть.

К 1944-му (после двух арестов отца и его отправки в Бухенвальд) я уже целиком окунулся в русскую литературу нашей библиотеки. Всё это подготовило меня не только к вере в правое дело, но и к пониманию родительской привязанности к покинутой в результате октябрьского путча России. Даже портрет Сталина, который заменил в моей комнате портрет Государя, после того как в 1945 году отец вернулся из Дахау, меня не смутил.

Мои первые воспоминания от вермахте в Париже: сперва мне очень понравился ежедневный военный оркестр, маршировавший в полдень на Елисейских полях, хотя преподавательница-эльзаска открыто проклинала «бошей».

Позднее последовал шок от того, как трое немецких офицеров 22 июня 1941 года у меня на глазах арестовали отца (тогда обошлось шестью неделями в Компьенском лагере), затемнение города и нетопленность – все вместе кристаллизовало во мне юного антинемца (хотя позднее стал германофилом). Я уже был готов любоваться фотографией маршала Жукова, готов к родительскому умилению при трансляции пятиламповым приемником в 1943 году михалковских гимнов-куплетов, подменивших «Вставай, проклятьем...». Как пишут в конвейерных романах, «кто бы мог знать», что тот же коротковолновый деревянный ящик будет вещать нам с матерью первые, еще неуклюже глушимые передачи радио «Освобождение», предтечи «Свободы», в безобразном Ульяновске и вселять надежду, что мы не одиноки.

С каким послевкусием вспоминался «реэмигрантами» ставший со временем хрестоматийно известным их парижский обед в 1947 году в советском посольстве у посла Богомолова, с Молотовым во главе стола? А.М. Ремизов, плохо скрывавший ошаление, рассказывал Молотову за обедом о прибегающей к нему по утрам мышке, а Иван Бунин приглашения на обед не принял, хотя до того распил с Симоновым привезенную им пол-литру и побывал в посольстве с коротким визитом. Темы тех встреч сводились к следующему: возвращайтесь и убеждайте возвращаться всех вокруг себя. Нобелевский лауреат Иван Бунин на многочисленные уговоры не поддался, а Ремизов почти перед смертью в 1957-м взял советский паспорт, но остался в Париже.

В отличие от многих подростков, «импортированных» эмигрантами-родителями в СССР, я проклял Советы очень скоро, еще до того, как гэбэшники утром 20 сентября 1949 года пришли арестовывать отца, чтобы упрятать его на годы. Иные же мои сверстники из эмигрантов приложили все свои мимикрические силы, «облачились» в маскировочную спецодежду бесцветной окраски, вытравили из своей памяти не только запахи Парижа, но даже язык Мольера и стали, как все вокруг, патриотами. В глухих, мрачных, голодных советских городах, привезенные родителями в «самую счастливую страну мира», оказались многие парижские подростки: Андрей Волконский, Ольга Чавчавадзе, Никита Вишневский, Михаил Терентьев, Татьяна Угримова… Они ничего не знали ни о Днепрогэсе, ни о Павке Корчагине, ни о сталинских лагерях, в которые очень скоро стали попадать их родственники и родители.

В отличие от одноклассников, ослепших от патриотического восторга, я и в гимназии 16-го округа Парижа не оглох и вслушивался, когда вокруг меня шла речь о советских людях, делающих все, чтобы не попасться военной репатриационной машине, которая бы доставила их на любимую родину. И военнопленные, и остарбайтеры, и просто воспользовавшиеся оккупацией, чтобы покинуть СССР – их во Франции сосредоточилось такое количество, что они стали смутительным фоновым шумом на еженедельных кинопоказах организации Союза советских граждан. Для меня, четырнадцатилетнего, увлеченного любителя периодики, Катынь уже тогда была не «доказанным преступлением немцев», а тайной. Печать изобиловала статьями о великой книге перебежчика Виктора Кравченко «Я выбрал свободу». Раскрыв книгу, я увлекся, многое не понял, но то, что во мне засело, стало почвой для анализа и показалось, что не все сводится к русской тоске по березкам.

Лето 1946-го мы проводили в русском пансионе в предгорье Альп, замок Арсин. После пыток и Дахау отец вернулся в Париж в виде беременного скелета, он еле держался на ногах. Владельцами замка были казанского корня старики фон Штранге (Странге). Их сын Михаил участвовал вместе с Сергеем Эфроном и Н.А. Клепининым[40] в организации убийства коминтерновского перебежчика Игнатия Рейсса. Знали ли об этом родители Михаила[41] и французская полиция? В замке обитали тени Цветаевой, Эфрона и их ближайшего окружения. Они тут часто бывали в конце 30-х годов, а Марина Ивановна дружила с Михаилом. Летом 46-го там находился мой тезка Никита Струве, на два года меня старше. В 1970-м, когда я вернулся в Париж, он, человек в словах и памяти очень точный, вспомнил, как мы в Арсин гуляли вдвоем по горному лесу и он спросил о планах моих родителей. Я этого разговора не помнил, и он мне его пересказал: «Да, родители мечтают вернуться, рассказывают мне, что там папа своим французским дипломом инженера может принести пользу, но я боюсь, что меня там могут расстрелять». Видимо, книга Кравченко на меня произвела впечатление,

[40] Клепинин Николай Андреевич (1899, Пятигорск – 1941, Москва) – русский писатель, историк, сотрудник НКВД, старший брат священника Димитрия Клепинина. Принимал участие в Добровольческой армии. С 1920 г. в эмиграции. Завербован Сергеем Эфроном в НКВД. После убийства И. Рейсса в 1937 г. вместе с женой А.Н. (урожд. Насоновой, по первому мужу Сеземан) бежал по фальшивым паспортам из Франции в СССР, через два года арестован и в 1941 г. расстрелян в Москве вместе с женой.

[41] Михаил Михайлович фон Штранге (Странге) (1907, Казань – 1968, Москва) – русский советский историк и литератор. Сотрудник НКВД. Отец Михаил Николаевич Странге, управляющий русским пансионом в замке Арсин, Франция. Мать – Эмма Мелхиоровна (урожд. Рам). Вся семья фон Штранге в 1947 году вернулась в СССР.

мы с Никитой Струве ее обсуждали. Но сие трезвоумие не мешало мне в Париже перелистывать «Огонек» и аплодировать фильмам «Свинарка и пастух» и «В шесть часов вечера после войны».

Елисейские поля еще со времен бедекеровских, с красной обложкой, путеводителей XIX века известны как «самый красивый проспект мира». И сегодня он оправдывает это название: в одну прямую на пять километров вмонтировались друг в друга арки Карусель и Триумфальная, а также примкнувшая к ним относительно недавно, рассчитанная под перспективу конструктивисткая арка Дефанс. В 1938–1939 годах няня-полька, потом няня Варвара водили меня за ручку на «поля» кататься на каруселях, я выбирал всегда деревянных лошадок. В 1943-м – как не понять девятилетнего мальчика! – я уже сам ходил к верхней части Полей, ближе к Триумфальной, любоваться ровно в полдень спускающимся к площади Согласия немецким военным оркестром с кавалеристом-тамбурмажором. Взрослые парижане старались этим зрелищем манкировать, а любующихся подростков было много. Идти от нашего дома до Полей минут десять, не более, тогда родители легко отпускали детей в город одних.

На Елисейских полях кинотеатров не менее пятнадцати. Свой первый в жизни фильм я посмотрел в 1939-м, конечно, с мамой, и это была «Белоснежка». Сразу после войны со сверстницей Вероникой Рабинович (ее отец-адвокат был одним из юнкеров у Зимнего) мы ходили туда смотреть «Набережная Орфевр» с великолепным гипнотизирующим актером Луи Жувэ. И «судьбоносно» впечатливший фильм «Ставки сделаны» по сценарию Сартра:

там и потусторонность, и реинкарнация, и добро со злом вперемешку. И, главное, доходчиво рассказано, что свобода существует и что ее надо любить.

Из универсама «Юнипри» на Елисейских я помогал маме нести покупки, сделанные по оккупационным продкарточкам: гастроном был богат выбором. По четвергам на примыкающей авеню Матиньон метров на триста в ряд стояли филателисты, и у меня собрался редкий альбом; марки я продал в Ульяновске за цену овсяной похлебки. На площади Согласия 25 августа 1944 года (дата будущего моего ареста) произошло мое крещение огнем: я сбежал от матери, а там стреляют, берут приступом Морское министерство. Интересно, как в кино. А 8 мая 1945-го мы с Ниной Алексеевной долго стояли на Круглой площади полей, у памятника Клемансо: счастье братающейся с союзниками толпы, перезвон колоколов всех церквей, фейерверки, а у нас – горькая мысль, что отец неведомо где в Германии и жив ли? Только дней десять спустя узнаем, что он освобожден из Дахау. К тому времени Елисейские поля стали для меня магнитным полюсом Земли! До сих пор это остается для меня самым красивым местом в мире. Это и есть мое Отечество.

После возвращения отец все чаще говорил об отъезде в СССР, он своих настроений не скрывал. И в 1946[42] году, после Указа от 14 июня, отец взял советское гражданство. В ноябре 1947 года Игоря Александровича и еще 23 эми-

[42] Указ Президиума Верховного Совета СССР от 14 июня 1946 года «О восстановлении в гражданстве СССР подданных бывшей Российской империи, проживающих на территории Западной Европы». Вслед за этим событием около 11 тысяч эмигрантов стали советскими гражданами, а около 4 тысяч репатриировалось или были высланы в СССР.

гранта – советских патриотов – французская полиция выслала в Восточную зону оккупации Германии, потом был транзитный лагерь в Бресте и через Москву (где он провел неделю) отец приехал в Ульяновск. Его мечта приносить пользу родине сбылась: будучи во Франции совладельцем знаменитой фирмы бытовых электроприборов «Братья Лемерсье», теперь он получил должность инженера на заводе «Электроприбор».

Воссоединение семей высланных готовилось до конца апреля 1948-го. Мама и дядя Кирилл[43] удвоили периодичность вождения меня в театры и музеи и на мой вопрос «Откуда такая щедрость?» – объясняли: «Мало ли что, зато успеешь увидеть как можно больше». На мое здравомысленное возражение: «Буду приезжать летом. Еще успею все посмотреть» – дядя Кира мрачно промолчал. Он не разделял папиных патриотических увлечений.

Оформление виз на «постоянное жительство» осуществлял консул СССР тов. Абрамов. Укладывающих багаж белоэмигрантов он увещевал: «Не перегружайтесь, берите как можно меньше, приедете, все быстро купите на месте». Лгалось им легче, чем дышалось... Нина Алексеевна

---

[43] Кирилл Александрович Кривошеин (1903, Санкт-Петербург – 1977, Мадрид) – младший сын А.В. Кривошеина. Родился в Петербурге. Эмигрировал с матерью в 1919 г. Через четыре года в Париже окончил Ecole Libre des Sciences Politiques, после чего более сорока лет служил в одном из самых известных банков Франции («Лионский Кредит»). С началом войны в 1939 г. воевал на линии Мажино, попал в плен. Был деятельным участником французского Сопротивления и награждён медалью Сопротивления. Много путешествовал, был большим знатоком искусства. Написал объёмное исследование о жизни и деятельности своего отца («Александр Васильевич Кривошеин». Париж, 1973; М., 1993), послужившее материалом для А.И. Солженицына и его «Красного колеса», где А.В. Кривошеин и его сыновья выведены как действующие персонажи. К.А. Кривошеин скончался в Мадриде, похоронен на кладбище Севр под Парижем.

наполнила большого объема плетеную из прочного тростника корзину, отдельно чемодан фамильных предметов, фотоальбомы, картины, ценности. Среди скарба была еще черная сверхвместительная клеенчатая базарная сумка, антиномия советской авоськи, оказавшаяся столь же долголетней, как библейские патриархи. Сумке этой суждено было проявить себя магически почище, чем в толстовской пьесе о спиритизме.

Мама перед отъездом сильно заболела, думаю, от нервного напряжения, и почему-то стала повторять как заклинание: «Я не могу ехать, я умираю, я не могу стоять на ногах». Предчувствия? Уже в Ульяновске я узнал от нее, что она незадолго до отъезда пошла к знаменитой парижской гадалке мадам Лаплас и та, разложив карты, вполне обрисовала ей мрачное «светлое» будущее. Но рок и неизбежность победили! Предотъездные прощания были душераздирающими. Особенно с начинающей болеть Ольгой Васильевной, двоюродной бабушкой. Она прекрасно понимала, что это наша последняя встреча. В начале 1920-х она успела побывать среди первых «постояльцев» Лубянки. Будучи человеком проницательным и не эмоциональным, в 1946-м она чуть ли не со слезами умоляла отца сойти с рокового пути советского патриотизма. Все втуне. Об ульяновском аресте отца она, конечно, узнала. Теперь ее могила на Сент-Женевьев, где она лежит вместе со своим мужем, Сергеем Тимофеевичем Морозовым, одна из самых родных в моем все пополняющемся кладбищенском инвентаре.

Среди моих сверстников в группе «возвращенцев» знакомых не было, за исключением Татьяны Угримовой; ее отец оказался не в Ульяновске, а в Саратове[44]. В отличие от меня у Татиши (Татьяны) патриотизм был страстно-пламенным, доходил до полной отрицаловки милой Франции, но от французского языка она не отказалась, и позднее он стал для нее утешением и каким-никаким доходом. Сумма перенесенных ею несчастий была колоссальна.

Примерно 20 апреля 1948 года ключи арендованной парижской квартиры были переданы друзьям, ручная кладь в межпланетный вояж вся поместилась в багажник большого автомобиля. Нину Алексеевну в машину буквально внесли. И на дорогу не посидели, и не перекрестились в путь. А ведь в семье это было принято. Я сел в отдельное такси, пространство которого мне показалось огромным.

Цель маршрута – Лионский вокзал. От нас на машине до Круглой площади Елисейских полей не более 3-5 минут. Оборачиваюсь назад, чтобы до отъезда еще раз посмотреть на любимую перспективу. Она отдаляется, исчезает, вот набережные Сены, рядом проплывает Эйфелева башня, мосты, возникает Нотр-Дам… Был очень яркий и весенне солнечный день, а внутри меня возникла – слепящая тьма! Никакого внутреннего голоса, никакой ословесенности. Одна овладевшая всем очевидность: впереди меня ждет нечто, близкое к гибели. Мое состояние было похоже на смотрение с балкона девятого этажа или на оторопь после слов пилота «пристегните ремни, предстоит вынужденная посадка». И вдруг на повороте к площади Бастилии меня

[44] Александр Александрович Угримов (1906 – 1981, Москва). См. главу «Будь ты проклят, Саратов» в его книге «Из Москвы в Москву через Париж и Воркуту». О нем же и в солженицынских «Невидимках».

осеняет мгновенное понимание: я могу спастись! И, конечно, спасти маму, которая так не хочет ехать! На следующем светофоре я открою дверь и пущусь бегом. Пока меня найдут, и поезд, и пароход уйдут… а когда следующие? Отец в этом сценарии странным образом отсутствовал.

И свет, и тьма погасли, машина подъезжала уже к Лионскому вокзалу. Внутренний голос, как крик души, я заткнул кляпом страха. Это вспышка предчувствия многажды возвращалась во мне, и я пытался понять свое наитие. Крымский хирург святой Лука Войно-Ясенецкий писал: «Я провел многие операции как грудной клетки, так и брюшины, огромное количество вскрытий, – нигде внутри человека никогда не обнаружил души». Какой же сценарист мог устрашающе приоткрыть будущее подростку-репатрианту?

Этим летом получилось одолеть немалый том француза-специалиста банковской конъюнктуры и внешнеторговых прогнозов Франсуа де Витта «Доказательство души». Выпускник Политехнической высшей школы доказывает наше бессмертие[45]. Это не салонная мистика, и не «поповщина», и не наукообразность. Целая глава посвящена истокам и плодам интуиции: тут и «случайное» открытие пенициллина Флемингом, и размышления Ньютона при виде падающего яблока, и Гёте, говоривший, что некоторые стихотворения он сочинял во сне и пробудившись записывал их... Частоты интуиции исходят явно не из подсознания, хоть фрейдова, хоть юнгова. Их генерирует та самая часть тела, которую не удалось изыскать преподоб-

[45] La preuve par l’âme: Un polytechnicien démontre notre immortalité. – Guy Trédaniel éditeur, 2015.

ному хирургу Луке. Назовем ее традиционно – душой, и на том прекратим розыски.

Видимо, сверхинтуитивный Ангел-Хранитель мне был откомандирован в момент кесарева сечения, которому подверглась мама при рождении меня в эту юдоль слез.

***

Такси довезло до Лионского вокзала, где мы сели на ночной поезд в Марсель, а утром оттуда предстояло отплытие в Одессу теплоходом «Россия». Маме было очень плохо, перед отходом поезда ей вызвали врача, и он сделал ей укол. В вагоне ехал человек из советского консульства, товарищ Рязанцев, провожавший нашу группу до Марселя. Он завел со мной разговор о прекрасном будущем: «Закончишь десятилетку, будешь учиться в Институте международных отношений». На мою просьбу объяснить, что это за институт и чему там учат, он ушел в кусты. Надеюсь, он этого своего сознательного вранья не забыл, представ перед Всевышним. При моей биографии путь в этот институт мне был заказан, но я об этом узнал гораздо позже.

Из жизни предметов: кое-кто из них наверняка одушевлен и имеет память. В маминой плетеной корзине лежало темного защитного цвета американское солдатское одеяло, привезенное отцом из Дахау. Всем концлагерникам освободители-янки подарили по такому одеялу из добротной шерсти. Возможно, вы удивитесь, но сей зелено-бурый прямоугольник и сейчас еще с нами. Вот только дырочки от изношенности замаскированы моей женой Ксенией вышитыми красными цветочками (как капельки крови). Одеяло пережило Дахау, Ульяновск, Москву и вернулось в Париж. Хранить вечно. А тогда, ночью, Нину Алексеевну трясло, и она попросила накрыть ее этим зеленым сукном.

На рассвете 1 мая 1948 года теплоход «Россия» причалил в одесском порту. Эмигрантские дамы высыпали на палубу, вынули платочки и стали, вытирая слезы, причитать: «Россия, Россия…». Группу возвращенцев, среди которых были только женщины и дети, встречает грузовик с конвоем. Нас везут в открытом кузове в транзитный лагерь в десяти километрах от Одессы, поселок Люстдорф. На самом деле – зона как зона, никакой не «транзитный», вышки, солдаты с овчарками.

Три недели спустя – погрузка в товарный вагон на «40 человек, 8 лошадей», вояж длиной в десять дней – впроголодь. В Ульяновске нас встречает Игорь Александрович.

События опережали «эйфорию» от родины. Где-то в июне 1949-го, часов в семь утра, раздался очень громкий стук сапогом во входную дверь. Иду открывать. Еще с порога, не взойдя на крыльцо, Надежда Владимировна Угримова (она учила меня в Париже русской грамоте по «Войне и миру»), женщина за семьдесят, мать папиного коллеги по Сопротивлению, младоросса и как бы мистического патриота вечной России, Александра Александровича Угримова, громко воскликнула:

– Он арестован! В Саратове! А под Москвой арестовали остальных, всю семью вместе с Татишей!

Больнее ударить было нельзя. Но садистская гэбэшная разнарядка отложила арест отца на три месяца, и в этом зале ожидания Игорь Александрович пребывал таким молчаливым, каким больше я его никогда не видел. Как-то вечером он достал две парижские записные книжки с адресами и со словами «Мало ли что...» сжег их в русской печи.

Мой второй учебный год в школе, где учился Ленин, – восьмой класс. По ходу урока литературы Василий Иванович как бы между прочим рассказывает всему классу, глядя на меня с улыбкой, как он раскулачивал деревни в Языковском районе: «А ведь там было имение Кривошеиных...»

Удовольствия от обучения – ноль. Аресты репатриантов в городе участились. Утром 20 сентября, во вторник (проверил в календаре того года: действительно был вторник, за 68 лет не забылось, значит, и многие другие подробности аутентичны), отец говорит: «После уроков (они заканчивались около часа) зайди ко мне на завод, позвони из проходной, вынесу тебе сумку с продуктами, отнесешь домой».

Так уже раза три бывало, городской базар находился впритык к заводу. Иду от школы к заводу мимо скульптуры «Чугунной бабы» – так необразованные горожане называли Клио, греческую музу истории (статуя была старинной и красивой), – потом иду мимо кинотеатра «Пионер», перехожу через улицу Гончарова по мосту над глубоким оврагом. Почти сразу за рынком – кирпичная проходная завода (п/я 650 Министерства электропромышленности СССР). Маленькое окошко с дежурным, у двери вахтёр, на стене телефон без диска. Чуть позднее через этого вахтера мне предстояло ходить в инструментальный цех и работать там токарем. Я снял трубку, попросил женщину на коммутаторе соединить с лабораторией. Не подходят. После пяти минут – то же самое. Через проходную выходит военпред майор Григоренко, я его спрашиваю, не знает ли он, где отец. Майор пробормотал что-то невнятное, отвел глаза и ускорил шаг. Неожиданно появился Опальков, тип с плоским лицом из отдела кадров, всегда одетый во френч. Увидев меня, он побагровел и, без преувеличения, в прединфарктном состоянии проскользнул мимо. Во мне крепло желание поесть, и из-за этого росла причинно-следственная, редко во мне бывавшая, озлобленность на Игоря Александровича. Версия его отсутствия у меня не складывалась. Скорее всего, он просто забыл. Я проторчал в проходной около получаса и по ул. Федерации пошел обратно на Рылеева. Улица Федерации – узкая улица с покорябанными фасадами некогда довольно красивых городских одно-двухэтажных бревенчатых и дощатых домов. Вдоль улицы тянулись узкие помостки-тротуары, в две, максимум три доски. Осенью и во время таяния снега грязь на помостках достигала такой плотности, что отсасывала с хлюпаньем не слишком плотно прилаженные галоши на сапогах, возвращать их на место получалось только с громкими ругательствами.

Я шел быстро, одолеваемый оформившейся озлобленностью, граничащей с досадой: забыт, обманут, хочется горячего супа. Во мне кипели антиродительские чувства большой интенсивности. Ускоряю шаг по Рылеева направо, через двор дома 21, тоже с помостками. Подхожу к малоформатным окнам кухни. На столе, прямо у окна, стоит большая парижская базарная сумка из черной блестящей клеенки. Значит, отец дома и сам ее принес! Весь негатив-отрицаловка разом прошли. Зря злился. Сейчас все вместе пообедаем.

Щелчок железного запорного крючка, в двери стоит Нина Алексеевна, глядя мне в глаза, почти шопотом: «Il est arrêté»... Он арестован.

Именно этот момент мне был недопоказан, не озвучен при постигшем меня в машине наваждении на Елисейских полях. Немало времени ушло на то, чтобы в уме эти два события взаимоувязались. Заснуть вечером 20 сентября 49-го в Ульяновске я не мог. В первый раз в мещанской маленькой коммуналке на улице Рылеева мне предстояла ночь не на лежанке русской печи, а на одной из двух постелей в родительской комнате. Я был почти уверен: больше отца не увижу.

Про то, что произошло в этот день, уже после освобождения в 1954 году, рассказал сам Игорь Александрович. Арест был банален. Завод, звонок в лабораторию, где работал отец: «Зайдите на минуту в отдел кадров». Там встретили двое с пистолетами: «Руки вверх». Начальника отдела кадров товарища Опалькова трясло.

С присущим ему до конца дней черным юмором Игорь Александрович утешал Опалькова: «Успокойтесь, ведь арестовывают меня, а не вас»... Около полудня трое чекистов Гаврилов, Толмачев, Каталеев (эти фамилии я узнал из протоколов обыска в деле отца, уже в Москве в 1992 году) на «виллисе» – так назывался джип – повезли его с завода на квартиру.

После ареста отца в Ульяновске гэбэшниками были упрятаны репатрианты Сабсай и Розенбах. С островов Архипелага ГУЛАГ они на материк не вернулись.

«Новый Журнал», 2016 г. Текст дополнен в 2023 г., Париж.

Олег

Александр (Саша) Андреев

Олег Прокофьев и Никита Кривошеин, 1955, Москва.

Даниэль Кордье

Высветить невидимку

Моя мама Нина Алексеевна в своей книге написала главу, посвященную ее роману с Сергеем Прокофьевым. Несостоявшиеся тайный побег и венчание по вине ее старшей сестры Тали сценарно напоминают бегство под венец Наташи Ростовой с Курагиным. Родители моей мамы были против брака дочери «русского Форда» с начинающим пианистом-композитором. История донесла до нас фото и либретто, написанное Ниной по просьбе Сергея к музыке «Гадкого утенка».

С Олегом Прокофьевым[46], младшим сыном композитора, мы познакомились в Москве. Он был старше меня на семь лет. Нас объединила не столько романтическая история наших родителей, сколько запахи, улицы нашего любимого города. Он тоже родился в Париже и приехал в СССР точно в таком же возрасте, что и я, но в 1936-м сажали еще жестче, чем в 1948-м. Внешне Олег совершенно не был похож на отца, он унаследовал чернявость матери-испанки, а его старший брат Святослав был вылитый Сергей Сергеевич. К моменту нашего знакомства Олег уже был помечен несколькими ударами судьбы: развод родителей, тяжелая пересадка в сталинский «рай» и арест матери

[46] Олег Сергеевич Прокофьев (1928, Париж – 1998, Гернси, Англия) – русский и британский художник, поэт, сын композитора Сергея Прокофьева и певицы Лины Кодина-Любера (1897 – 1989), испанки по происхождению. В 1936 году семья вернулась из Парижа в СССР. В 1948 году мать была арестована и сослана в мордовские лагеря, освобождена и реабилитирована в 1956 году.

в 1948-м. Олег рассказал мне, что об аресте Лины Ивановны они сообщили отцу в тот же вечер, 20 февраля; для этого путь в 13 километров от Москвы до Николиной горы они совершили с братом пешком по трескучему морозу, и, как Олег вспоминал, «шел слепящий снег». Мы с Олегом чаще всего общались по-французски. К этому времени он уже брал частные уроки живописи у Роберта Фалька, потому что, как он говорил, «Суриковский институт, в котором я учусь, целиком заполнен кондовыми соцреалистами, и мне там противно». Еще Олег писал стихи, к нашему знакомству он был уже женат и у него родился сын. Меня всегда поражало в нем, что он не страдал комплексом великого отца. По характеру он был ровен, спокоен, даже флегматичен, красив – имел большой успех у женского пола. Он сумел себя обустроить внутренне, окунуться в художественную среду поэтико-живописного авангарда тех «предоттепельных» московских месяцев; открыто показывал свои картины коллекционерам, читал сочиненные стихи, общался с иностранцами…

Мне нужно в этом рассказе об Олеге соответствовать названию текста, а потому я приближу читателя к первому «невидимке». Место действия Москва, 1957 год, после двух недель по окончании «VII Международного Фестиваля молодежи и студентов за мир и дружбу»,

Я был знаком с атташе французского посольства, ныне покойным Франсуа де Лианкуром, с которым мы общались и который знал о публикации моего письма в газете «Ле Монд». В этой заметке речь шла о Венгрии и советских танках, говорилось, что в СССР все скрыто и люди ничего не знают об этом.

У Лианкура закончилась дипломатическая миссия, и он возвращался в Париж. Мы хотели попрощаться и для этого встретиться на улице, в одном из переулков недалеко от Моссовета. На это свидание я пришел немного раньше назначенного времени и инстинктивно почуял неладное, сделал небольшой круг и обнаружил везде гэбэшников. Немедленно, не дожидаясь Франсуа, я принял решение: пересек Брюсовский переулок, вошел в Консерваторию, скрылся там на пятнадцать минут в туалете, вышел и этим спас себя. Их уже не было. Но связь с Франсуа я потерял. Я уже давно чувствовал слежку, но тут ГБ дышала мне в затылок и выжидала случай. Прошла неделя, а может, и дней десять. Накануне своего ареста, 25 августа 1957 года, я переводил чуть ли в Доме Союзов конференцию, созванную Советским комитетом ветеранов войны, «О состоянии здоровья и медицинской реабилитации бывших заключенных немецких концлагерей».

О новой встрече с Лианкуром вечером 25 августа у Донского монастыря мне сообщил Олег Прокофьев, с которым мы до этого пересеклись. Олег повторил слова французского коллекционера Даниэля Кордье: «Передайте Кривошеину, что он должен встретиться с Франсуа де Лианкуром в 22 часа у Донского монастыря». С Кордье (который, как выяснилось потом, работал на Советы и ГБ) мы несколько раз виделись в компании художников, где бывали Олег и Лианкур.

Я жил тогда на Метростроевской и решил ради безопасности пойти пешком. Убедился (я умел это делать), что никакого хвоста за мной нет. Подошел к Донскому монастырю – пусто, ни души, только в главном подъезде, в воротах, стоит маленькая группа курящих мужчин. Подошел к ним, попросил огня. И они как-то очень неохотно откликнулись. Буквально через полминуты возник Франсуа де Лианкур. Мы с ним успели пройти шагов 30… как эта же группа курящих мужчин кинулась на нас, схватила его и меня за плечи, за бока с громкими криками: «Этот человек – государственный преступник, его разыскивают органы госбезопасности!!!»

Сцена достаточно эффектная, зрелищно-киношная. Не удивляйтесь: у ГБ было сильное чувство режиссуры. Солженицыным это отмечено – аресты были очень постановочны.

Нас взяли двоих. Повезли в восьмое отделение милиции за МИДом, которое им служит милицейской базой. Там уже сидели гэбисты. «Ваши документы» – мой друг Лианкур протянул своё удостоверение атташе французского посольства. Они ему тут же сказали: «Мы видим, что вы дипломат, если что-то понадобится, мы к вам обратимся через МИД. Вы неприкасаемы. Можете идти». Мы с ним пожали друг другу руки, и я понял, что это прощание навсегда.

Одновременно шел обыск в комнате, в которой жили мои родители в Невольном переулке, и обыск на даче в Кратово, где они в то время пребывали. Моя мама очень хворая была, лежала. И кто-то из обыскивавших чекистов, увидев больную старую женщину, сказал: «Извините нас, что беспокоим, у нас уж профессия такая». На что мама тут же ответила: «Хуже, чем у вас, сейчас профессии нет». И сразу один чекист другому: «Говорили больная, а эту больную хорошо бы прихватить с собой».

Они педанты. Когда меня привезли на Лубянку, у них был готов пропуск вести меня в здание, но старшина, который стоял у подъезда, вчитался в бумажку и сказал: «Это вчерашнее число, исправьте». Орднунг.

Пошли переправлять на Кузнецкий в бюро пропусков. Не прошло и получаса, возвращаются – «руки за спину!» – и повели пешком (лифты не работали) на шестой этаж Большой Лубянки, где меня встретил Борис Петрович Пыренков, старший оперуполномоченный «второго главного управления», который спустя минуту мне говорит: «Никита Игоревич, не думайте, что вы в руках у каких-то иезуитов». Ответ нашелся мгновенно: «Я, простите, никак этого не думаю, потому что имел счастье год у отцов иезуитов учиться в католической школе в Париже, и вас с ними перепутать невозможно».

Через несколько месяцев, 30 декабря 1957-го, меня допрашивает ни много ни мало начальник 2-го отдела Следственного управления КГБ, полковник Иван Тихонович Панкратов, в присутствии заместителя начальника Следственного управления подполковника Волкова. Он слушал, молчал, а потом произнес: «Если вы отделаетесь 25 годами, считайте себя счастливчиком». Это была угроза расстрела. Я тогдашней их практики не знал и прогнозов не строил. Факт тот, что я просидел на Лубянке в одиночке почти девять месяцев. По окончании следствия меня судил Московский Военный трибунал, который переквалифицировал мое обвинение на статью 58-10 плюс «разглашение государственной тайны частным лицом».

То, что называлось у нас лагерников «пересидеть на параше». И меня отправили на три года в Дубравлаг.

В сценарии моего ареста было много темных пятен, которые я пытался мучительно высветить. Главное: кто слил ГБ место и время встречи с Франсуа де Лианкуром? Действующих лиц было по пальцам пересчитать. Олег и Франсуа были чисты. А вот Даниэль Кордье[47] вызывал у меня большие сомнения. Вернувшись в 1970 году во Францию, из разговора с французской контрразведкой я узнал, что мои подозрения вполне подтверждаются. Деятельность этого коварного «невидимки» велась на благо КГБ.

Олег Прокофьев за время моей отсидки регулярно навещал моих родителей, писал мне письма в лагерь, после моего освобождения познакомил со своей второй женой-англичанкой искусствоведом Камиллой Грей, которая написала великую книгу о Русском авангарде. Оформление брака у них тянулось аж шесть лет, Советы делали все возможное, чтобы препятствовать (в разрешении на выезд Олегу регулярно отказывали). И вот наконец они поженились, Камилла ждала второго ребенка, Олег поехал с ней в Сухуми. Там она заболела гепатитом и умерла в местной больнице.

29 декабря 1971 года Олег привез гроб Камиллы в Англию. Я с ним встретился на кладбище, он сомневался: «возвращаться – не возвращаться в СССР?» Я приложил немало усилий, чтобы уговорить его остаться. Жизнь Олега постепенно наладилась, он стал католиком, женился в третий раз на англичанке Френсис, которая родила ему пятерых детей. Он успешно писал картины, ваял скульптуры, к нему вернулась поэзия. Каждый год он приезжал в Париж, приходил к нам, и это было всегда незабываемо интересно. Он обожал Честертона и Набокова. В августе 1998 года в Барселонском аэропорту у меня зазвонил мобильник, и срывающийся голос произнес: «Олег внезап-

---

[47] Даниэль Кордье (1920, Бордо – 2020, Канны, Франция) – историк, антиквар. Личный секретарь в 1942 – 1943 гг. Жана Мулена, известного члена французского Сопротивления, в контакте с которым его мнения сместились с крайне буржуазно-правых на левые. Написал биографию Ж. Мулена. После 1945 г. галерист, коллекционер и организатор выставок, инициатор кампании в поддержку сексуальных меньшинств.

но умер». Он поехал отдыхать на остров к жене и детям, поплыл, стало плохо, еле добрался до берега и скончался. Вскрытие показало разрыв аневризмы, о которой он и не подозревал.

«Слова мои, звери домашние, не бросайте меня безрассветного, помогите крест донести».

Олег Прокофьев.

***

Несколько месяцев, отделяющих XX съезд от Будапешта, вернули и в СССР, и в диаспоре во Франции прочные надежды на светлое будущее, не то декоммунизацию, не то «-изм» с человеческим лицом. Это были месяцы «оттепели», еще не слякоти.

В московской толпе появились мужчины средних лет, не успевшие сменить бушлаты на цивильное платье и дать отрасти шевелюре.

Этот период и был выбран для первого посещения СССР Сашей Андреевым вместе с родителями: матерью Ольгой Викторовной Андреевой-Черновой (приемной дочерью эсера Чернова) и ее мужем Вадимом Леонидовичем Андреевым, младшим сыном известного писателя. Вадим написал интересные воспоминания, изданные в Москве, об участии русских во французском «Резистансе». Эти месяцы несостоявшейся метаморфозы окончательного таяния льдов были помечены и второй небольшой волной возврата в страну в 1956 году эмигрантов из Франции, взявших в 46-м серпастые паспорта. Поток желающих продолжить реэмиграцию в страну Советов в 1948 году власти пресекли, людей перестали пускать, задерживали в Восточной зоне Германии или просто арестовывали и ссылали. Поздних репатриантов 50-х годов уже не сажали, но держали в черном теле по глухим периферям.

Незначительному числу послевоенных совграждан (которых в 48-м власть отвергла) удалось вместо Ульяновска и Воркуты оказаться в нью-йоркском или женевском секретариате ООН. Советы тому были рады: как бы «свои» и всегда под прицелом.

Так благополучно прокантовался всю сталинщину Бронислав Сосинский, муж Натальи Викторовны Черновой (тетушки Саши по материнской линии). Он с семьей вернулся в десталинизацию, построил кооператив в Измайлово, там устраивал посиделки по средам, на которых многотиражно рассказывал о встречах с Цветаевой. Силен соблазн возврата на историческую родину был и у Вадима Леонидовича Андреева, совгражданина, многолетнего сотрудника по советской квоте нью-йоркского, затем женевского секретариата ООН. Ему повезло, что его жену, взявшую советский паспорт, не пустили в 48-м любоваться на березки. Они утешились Америкой (где березовых лесов немерено) и, может быть, спасли свои жизни.

Тем убедительнее Вадиму Леонидовичу представлялась московская весна, потому как в потоке вернувшихся с островов «Архипелага» оказался Даниил, его старший брат, схлопотавший 25 лет и обозначенный руководителем антисоветской организации, в которой состояло немало интеллигентов, среди них и вся семья репатриантов-сопротивленцев Угримовых. Даниил после лагеря возобновил изготовление мистических философских поэм вроде «Розы мира».

Есть американский фильм «Она протанцевала одно лето» – так и оттепель брутально перешла в морозы в ночь с 3 на 4 ноября 1956 года; советские танки вошли в Будапешт. Имперски настроенных патриотов это происшествие не очень расстроило. Андреевы (отец и сын) национализмом совсем не страдали, и Венгрия их тоже не шибко травмировала. Про себя Саша всегда говорил, что он был совпатриотом больше, чем все его родственники. Своих настроений антиаристократических он никогда не скрывал, последними словами всегда поносил государя императора и всех «кровопийцев»-дворян. Каким-то странным исключением для него были Кривошеины.

Сашино обожание Леонида Андреева было до карикатурности театральным: природа сыграла шутку, он был невероятно похож на деда, к этому он добавил такую же прическу, белую подпоясанную веревочкой косоворотку и черные сапожки до колен. Поздней весной 57-го мы с Сашей обедали в кафе недалеко от Маяковской, Саша упоенно излагал планы в связи с предстоящей перебазировкой в советскую столицу. Спорить с ним было все равно что убеждать влюбленного в том, что предмет его упоения – крокодил, который его съест. Ссылки на прошлые наши годы в Ульяновске, были не в помощь – XX съезд ведь открыл новую главу. Мне же очень хотелось отговорить хорошего человека от решения, если не суицидального (…кто бы знал о его 2016-м!)[48], то уж явно не в его пользу. Рассказы о тяготах жизни в СССР, голоде и аресте моего отца, были очевидно вполне бесполезны.

К тому времени я уже встал на путь совершения особо опасных государственных преступлений: частые встречи с московскими французами, инакомыслящими и, главное,

---

[48] Александр Вадимович Андреев (1937, Париж – 2016, Берн) – переводчик-синхронист, внук писателя Леонида Андреева. Вывез в 1968 году из СССР рукопись «Архипелаг ГУЛАГ», один из персонажей «Невидимок» А.И. Солженинцына.

мною уже был изготовлен и переправлен для французской газеты «Ле Монд» небольшой и довольно информативный текст о реакции московского студенчества на вторжение в Венгрию. Текст был без подписи, но установить авторство славным органам ГБ большого труда не составило. Для меня начался обратный отсчет перед путем в «гулагов» космос. Я привел Саше последний аргумент, сказав: «Меня скоро арестуют», но он в это не поверил…

Прогноз осуществился в конце августа 1957-го, о котором я уже рассказывал. Сколько помню, на допросах в Следственном управлении КГБ СССР моим с Сашей встречам допрашивающие придавали чисто формальное внимание, они стали предметом отдельного протокола лишь для галочки.

В Париже Саша узнал о моем аресте, и его мечты о вечерних прогулках в ЦПКиО им. Горького сразу улетучились. А само событие стало для него началом основательного пересмотра ценностей. Моя роль в его спасительной нерепатриации была весомой. Тщусь думать, что даже закладывание в его парижский чемодан в 1968 году пленки с «Архипелагом» в банках с осетровой икрой – тоже как бы реверберация приключившейся со мной «неприятности».

О том, как Саша стал персонажем «невидимок», я узнал гораздо позже, уже в Париже. В разгар французской левой революции он в качестве переводчика ЮНЕСКО приехал в Москву «с особой миссией от семьи». На квартире у Надежды Яковлевны Мандельштам его познакомили с А.И. Солженицыным, и после непродолжительного разговора он решился вывезти микрофильмы с «ГУЛАГом».

После моей Мордовии в середине 60-х годов встречи с Сашей возобновились на передвижных пятидневных семинарах Всемирной организации здравоохранения: борьба с туберкулезом в Армении, с гонореей в Подмосковье… В эти приезды Саша был трудноконтактен, весь *в себе*, да и я не очень пытался эту замкнутость преодолеть.

О своей роли «невидимки» Саша не распространялся. Рисковал он по-крупному. Приезжая в Москву, встречался, как чеховская чиновница, за кофе безо всякого удовольствия с родственниками Сосинскими, скорее ради посетителей их салона.

Саша-невидимка

Мои десять лет после лагеря прошли в синхроне, переводах совпропаганды, обезболивающем пьянстве. Без преувеличения, я проводил много времени в спасительных для себя многомесячных походах по совершенно диким и неопасным горам Дагестана и Чечни. Ну, и мой любимый «Бунтующий человек» Альбера Камю бодро во мне просыпался: самиздат, переводы для него, включая того же Камю, и в качестве крещендо – передача текстов «Хроники» (даже во Францию). Позднее – малозаметное подписантство, поиски (по тем временам непростые) приемлемых адвокатов для свинченных друзей, Валерия Мануйлова, Владимира Тельникова…

В 1970 году (как одно из последствий ленинградского самолетного процесса Кузнецова-Дымшица) в результате одной из первых в целой серии андроповских полувысылок я вновь оказался в городе своего рождения, объекте моей 25-летней ностальгии. Так мне Советы в лице майора ОВИРа Капитолины Акуловой подарили Париж – главную мою мечту всего срока в большой зоне СССР. Убывая уже навсегда, я молился когда-нибудь еще раз здесь побывать. Моя мечта осуществилась.

Не ради сюжетной линии и не ради лакировки действительности говорю как есть: без дружбы с Александром Вадимовичем Андреевым (Сашей) мой жизненный маршрут был бы невообразим. Переезд в Париж в 70-м был счастьем, но как сложится моя профессиональная судьба – этого я не знал.

После пяти-шести случайных ночевок у случайных людей возник Саша и сказал: «Собирай барахло, будешь жить у меня в погребе».

В 13-м округе Парижа он владел маленьким кирпичным двухэтажным домиком в английском стиле. Я точно не знаю этой истории, но после Первой мировой войны недалеко от Парка Монсури были выстроены улицы симпатичных имитаций британского жилья с крутыми лестницами, погребами, чердаками, садиками и изразцами на фасадах.

То было время первого эпизода конвейерного однолюбства Саши. Первый брак – симпатичная супруга, нью-йоркская клавесинистка, иудейка, две девочки-подростки и хомяк в колесе. Первая супруга Саши Юдифь от моего появления не пришла в восторг, но терпела. Выделенный мне погреб с раскладушкой без непосредственных соседей казался роскошным номером не хуже, чем в гостинице. Тем более что Саша дал ключи, уточнив, что в погребе могу самоуплотняться как хочу и с кем хочу.

Куда жизнеспасительнее ночлега оказалась встреча с Александром Арнольдовичем Блоком, с которым Саша меня свел в первые же недели. И вскоре я оказался «правильным человеком на правильном месте», в родной переводческой кабине. Многие коллеги в Париже и Женеве помнили меня по московским конференциям и встретили как своего. Не был бы я Сашей внедрен на Западе в родную профессию, и внедрен на несколько предстоящих десятилетий, неизвестно, как бы сложилась вся моя жизнь. Я уже рассказывал, что советская делегация в ЮНЕСКО, узрев и услышав меня, выразила официальный протест («он ведет диссидентскую и антикоммунистическую пропаганду»). Блок вместе с Сашей послали их подальше, это было тогда возможно.

Саша был человеком полноценно трехъязычным; лингвисты знают, насколько это редкий феномен. Мозговая кибернетика синхрона, как это слишком часто бывает, оккупировала полностью весь объем его мозга – на изготовление собственной продукции потенциала не оставалось. Саша много говорил о своем намерении переложить на английский ходившие тогда в самиздате стихи Холина и Сапгира, но не сложилось. Еще он был знатоком и большим любителем музыки, особенно Моцарта и Вивальди.

В момент, когда состоялась первая смена его первого однолюбия, на следующем этапе (развод-пережженитьба) личностная сопротивляемость сдала, и он был помещен в психиатрическое отделение большой парижской больницы. Развод был тяжелым по всем направлениям. Я его навещал: никогда, ни до того, ни после, не являлось мне в чьем-то взгляде такая отчужденность от мира и интенсивность внутреннего страдания… Современная медицина творит чудеса, его состояние вернулось к «норме», к жизнерадостному декламированию частушек, к дружеским поцелуям и объятиям, веселому переодеванию и беспрерывному слушанию классической музыки. Несмотря на изменения к лучшему, фон депрессивности все же оставался. Может, это было унаследовано от деда-писателя?[49] Мне казалось, что Саша прятал свои подспудные страхи за постоянными шутками и неустанной, поистине «материнской» заботе о своих детях, внуках и друзьях.

В 1982 году Саша стал главным устным переводчиком ЮНЕСКО – должность практически неподотчетная и предоставляющая простор начальнику отдела, царствующему во многих организациях с синхронными переводами. Его юность прошла в Нью Йорке, он поразительно впитал в себя бродвейскую театральную суматоху и, конечно, с радостью встретил революцию 1968 года в Париже. Булыжник – орудие пролетариата ему был генетически ближе, чем генерал де Голль.

Более справедливого работодателя для переводческих кабин я в жизни не встречал. У него были свои любимчики, но каждый из них был отличником труда. Сам Саша во втором браке дал поглотить себя собиранию нормандских

---

49 Леонид Николаевич Андреев (1871, Орел – 1919, Финляндия) – русский писатель и драматург, яркий представитель Серебряного века.

грибов, огороду, устройству светских приемов (на которых всегда было много советских людей) и тусклой повседневности… Единственную радость приносила музыка, которую вторая жена (в контрасте с первой) не выносила, зато любила играть в рулетку, просаживая Сашины деньги у зеленого ковра, пила красное и неуемно курила.

Он оставался рабом принципа цикличности, но циклы эти укорачивались.

Личная жизнь дала трещину в третий раз. Опять драматический развод. Встреча с германоязычной коллегой в цюрихской кабине, новый виток однолюбия, рождение поздней дочери (четвертого ребенка), перебазировка в Швейцарию. Этот эпизод затянулся лет на десять-одиннадцать. Он страдал от бессониц, тяжелых болей в спине; операция только утроила страдания физические и душевные.

Однажды весенним утром 2016-го в Берне (по данным швейцарской полиции) он обвязался металлическим проводом с грузом и бросился в горный поток вблизи дома. Тело Саши нашли через несколько дней, унесенным вниз по течению.

Его кончина, а также душевные страдания, наблюдаемые мною задолго до нее, еще более явно раскрыли мне правоту Церкви, благославляющей отпевание самоубийц при предоставлении простой справки от психиатра. Что до Саши, человека потомственно не церковного, то весь маршрут к Небу он своими добрыми делами сумел проложить сам.

Журнал «ГЕФТЕР», 2018 г., Москва.
Текст дополнен в 2023 году, Испания.

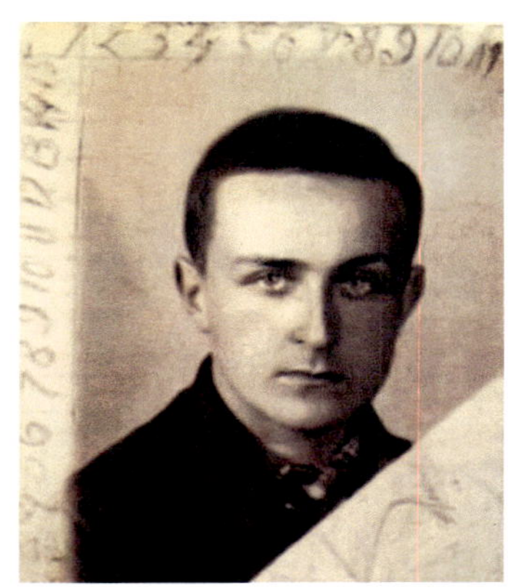

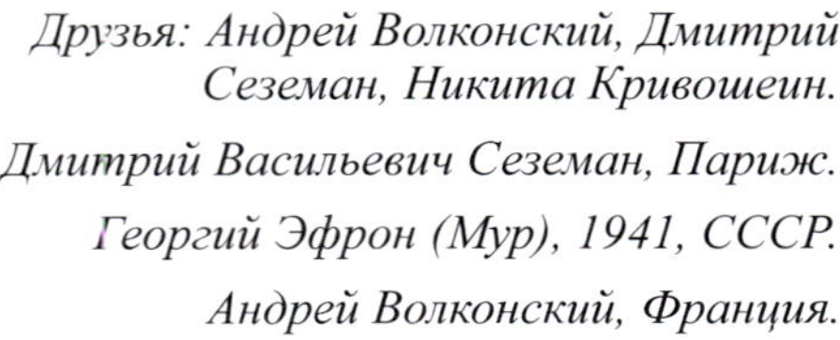

Друзья: Андрей Волконский, Дмитрий Сеземан, Никита Кривошеин.

Дмитрий Васильевич Сеземан, Париж.

Георгий Эфрон (Мур), 1941, СССР.

Андрей Волконский, Франция.

Дмитрий Сеземан и его двойной исход

Этот материал посвящен двум героям. Один из них – Дмитрий Васильевич Сеземан – не просто родился в эмиграции, а был, как он говорил в интервью радио France Culture, «эмигрантом во чреве матери», ибо она, беременная, бежала из Петрограда по льду Финского залива. Тем же маршрутом ушла в Европу и мать Никиты Кривошеина. И Сеземан, и Кривошеин происходили из хороших петербургских семей, со стороны Кривошеина семья была так просто государственной важности: его дед Александр Васильевич был министром земледелия при Николае II.

Никита Кривошеин и Дмитрий Сеземан встретились в «оттепельной» Москве шестидесятых, пережив на тот момент все тяготы, выпавшие на долю русско– французских репатриантов: парижских подростков вернули в СССР убежденные пропагандой родители.

Книга матери Никиты, Нины Алексеевны Кривошеиной, «Четыре трети нашей жизни» послужила основой впечатляющего французского фильма «Восток-Запад», для многих европейских «левых» ставшего первой и горькой правдой о советском социализме. Никита Игоревич написал книгу воспоминаний, он автор многочисленных публикаций.

В свою очередь, Дмитрий Васильевич Сеземан хорошо известен в среде цветаеведов, поскольку лично знал поэ-

та, ее семью и прежде всего Георгия (Мура) Эфрона, чьим единственным другом он являлся.

Немногим из русских эмигрантов-репатриантов повезло пробить в советское время железный занавес. «Свой билет на вход в вечность прошу возвратить обратно» – в ключе этой фразы Ивана Карамазова возвращение во Францию Announcing Сеземана и Кривошеина и их вклад в независимую русскую мысль являются сюжетом для большого рассказа.

Анна Кузнецова: Никита Игоревич, каким образом Дмитрий Сеземан снова оказался во Франции?

Никита Кривршеин: Дмитрий Сеземан в 1976 году получил разрешение на выезд из СССР по туристической визе короткого пребывания, благодаря приглашению, которое ему оформил сотрудник французского посольства в Москве. Поэтому отказать ему в выезде было Советам невыгодно, это привело бы к дипломатическому напряжению.

А.К.: Уезжая, он знал, что это билет в один конец?

Н.К.: Нет, не знал! Он приехал по своей гостевой визе (на 3 месяца) и остановился у меня. Я очень горжусь тем, что смог с большим трудом убедить его не возвращаться и выбрать свободу. Он очень беспокоился за своих близких, оставшихся в Москве. После падения Советов к нему стала приезжать его дочь Екатерина, он был счастлив, это было утешением! Наша старая дружба длилась до его последних дней.

А.К.: Расскажите немножко о бытовой стороне жизни Дмитрия Васильевича в Париже. Что он любил, куда вы вместе ходили? Кто был в его ближнем кругу общения?

Н.К.: Во Франции Дмитрий устроился в парижском предместье, достаточно удаленном, и посвятил себя работе на радио «Свобода», писал литературную критику для еженедельников L'Express и Le Point; также работал над своей книгой воспоминаний «Confessions d'un métèque» («Исповедь чужака»). Это замечательная книга, она состоит не только из летописи жизни, в конце повествования он подвергает анализу Францию, ее политику и общество. Тонкий ценитель искусства, он совершил незадолго до смерти последнее путешествие в свою любимую Италию. Он специально повез туда свою младшую дочь Лизу, чтобы показать ей музеи и храмы.

В Париже он дружил со славяноведом Луи Мартинезом и композитором Андреем Волконским. Их дружба родилась еще в Москве. Дмитрий так же виделся довольно часто с журналистом Семеном Мирским, который работал на радио «Свобода», дружил с публицистом-историком Аркадием Ваксбергом, журналистами Жаном и Люсиль Катала.

Каждую Пасху мы ходили вместе с Сеземанами на заутреню, в церковь Введения во храм Пресвятой Богородицы, здесь до сих пор находится центр РСХД. Дмитрий Васильевич всегда был со своей супругой Доминик и дочерью Лизой, потом приезжали к нам домой – и разговлялись. Мы довольно регулярно обедали с Дмитрием в ресторане Rozès в 13-м округе Парижа; он часто приезжал к моему отцу и маме.

А.К.: У Вас во многом очень сходные судьбы, но Дмитрий Сеземан успел поучаствовать в войне и даже имел боевую награду. Упоминал ли он об этом? Как относился вообще потом к разделенной Германии?

Н.К.: Дмитрий отправился добровольцем на фронт прямо из лагеря в Инте, и это его спасло. Но он почти никогда не вспоминал о войне и об этом периоде жизни. После войны брак с москвичкой дал ему возможность остаться в столице, невзирая на его лагерное дело. Что касается его фронтовых впечатлений, я, надо сказать, никогда не замечал в нем никакой германофобии. Но, конечно, национал-социализм был ему так же отвратителен, как и коммунизм.

А.К.: В Вашей последней книге «Дважды француз Советского Союза» (2014) упоминается В.Э. Сеземан, отчим ДС, и упоминается как настоящий герой: «Русский эмигрант, профессор философии Каунасского университета Василий Сеземан, специалист по Платону, послушав голос своей православной совести, взялся в годы войны укрывать литовских евреев (технически как – не знаю). Формулировка полученных им в 1948 году десяти лет была «за связь с сионистскими организациями» (Кривошеин Н.И. «Дважды француз Советского Союза», стр. 46). Вы наблюдали в Дмитрии Сеземане интерес к личности его приемного отца, к его философии, как некоем синтезе святоотеческой традиции с современной ему феноменологией и неокантианством?

Н.К.: Я не помню какого-то специального интереса, который бы проявлял Дмитрий Васильевич к работе отчима, во всяком случае, он очень мало об этом говорил. Дмитрий был верующим и церковным человеком. У него оставалось нежное отношение к матери, ее фото висело над его столом. В своей прекрасной книге «Исповедь чужака» сложные семейные чувства и отношения были им глубоко проанализированы.

А.К.: Грустный, но важный вопрос, который не любят французы: как Дмитрий Сеземан вообще относился к смерти и как ее встретил?

Н.К.: Никогда не замечал, что французы избегают говорить о смерти. Во Франции на протяжении уже двух веков выпущено сотни книг, посвященных жизни и смерти.

Дмитрий Васильевич мог умереть молодым, и не однажды, он, можно сказать, бывал на волоске от смерти... А перед самой кончиной к нему пришел молодой и глубоко образованный священник из церкви Московского Патриархата, который его исповедовал и причастил Святых Тайн.

А.К.: Близкая приятельница Дмитрия Сеземана по Москве сказала, что он никогда не говорил на религиозные темы. При этом известно, что он получил от матери православное воспитание. Как это сторона личности Дмитрия Сеземана проявлялась в советский период? Интересно также узнать, был ли он знаком с Вашим дядей – выдающимся патрологом и богословом архиепископом Василием Кривошеиным?

Н.К.: Во время визитов Владыки Василия в Москву я приглашал Дмитрия поужинать с нами, и они с моим дядей почти сразу почувствовали друг к другу уважение и интерес. Вообще мы с Дмитрием отмечали всегда Пасху в церкви Иоанна Воина в Москве, и тамошнее священство нам оказывало милость, приглашая в алтарь. В прошлом, перед репатриацией в Советский Союз, еще мальчиком, они вместе с матерью были прихожанами Трехсвятительского подворья Московского Патриархата в Париже. И вот представьте, божественное провидение устроило так, что именно в этой церкви Дмитрий Васильевич был отпет! А вообще в этом храме ранее хранилось несколько икон, которые написала его мама Нина Николаевна (урожденная Насонова), но, к сожалению, они не сохранились.

Его мать последним браком была замужем за Николаем Клепининым. Он был старшим братом священника Димитрия Клепинина. Дмитрий Васильевич Сеземан часто вспоминал о. Димитрия, говорил, что он был светлым и очень добрым человеком.

В 1937 году семья Клепининых (Димитрий, его брат Алексей, мать и отчим) бежали из Франции в Советский Союз. Это было связано с делом об убийстве бывшего советского резидента Игнатия Рейсса. Семейство Клепининых было в дружбе с советским агентом Сергеем Эфроном и его женой Мариной Цветаевой. Парадокс истории заключается в том, что один из братьев Клепининых – вышеупомянутый отец Димитрий – погиб в нацистском лагере Дора и был канонизирован как мученик, тогда как его брат Николай в 1941 году был расстрелян в советской тюрьме в Орле, в то же время, что и Сергей Эфрон. Оба они были объявлены Советами французскими шпионами, но на самом деле они были агентами НКВД.

А.К.: Никита Игоревич, мы с Вами беседуем в канун важнейшей исторической даты – столетия русского Исхода. Ваша семья хлебнула досыта этой горькой доли, и Вы с Дмитрием Васильевичем Сеземаном оба – дети Исхода, оба родились в эмиграции, репатриировались с родителями, и затем в семидесятых и Вам, и Дмитрию Сеземану удалось из-за железного занавеса вернуться во Францию. Много ли было вас, таких «счастливчиков», среди «советских французов»?

Н.К.: Определение «советский француз» не подходит ни к Дмитрию Сеземану, ни к Андрею Волконскому, ни к Олегу Прокофьеву, ни к Николаю Двигубскому, ни к Михаилу Щетинскому, ни ко мне самому.

Все мы были привезены в Советский Союз родителями – и вернулись во Францию чудом и Божьей милостью. Со временем Советы разрешили вернуться во Францию некоторым репатриантам-пенсионерам. Я написал книгу «Дважды француз Советского Союза», где есть главы и страницы воспоминаний о белых русских, вернувшихся в СССР в 1947 году, а также я пишу о тех, кто был отправлен в мордовские лагеря (1958-1961 гг.). У меня сохранились яркие воспоминания об оккупированном Париже, о наших встречах с матерью Марией Скобцовой, об арестах моего отца, участника Движения Сопротивления и его депортации в концентрационный лагерь Бухенвальд, а потом Дахау. В этой же книге я пишу о том, каким мне представляется русское православие во Франции. В книгу вошли различные интервью на радио «Свобода», газете «Русская мысль», публикации в российских журналах.

А.К.: Как Вы встретились с Сеземаном, вернее, при каких обстоятельствах Вы «нашлись» в советской Москве?

Н.К.: Мы встретились с ним после моего освобождения из лагеря, наверное, в 1964 году, в антисоветском «домашнем клубе» Владимира и Сюзанны Раппопорт, блестящих врачей-психиатров, живших в районе Пушкинской площади. Важно заметить, что ни один из членов этого кружка никогда не был вызван на допрос, что говорит о том, что среди нас не было стукачей. Я находился в непростых жизненных обстоятельствах, и именно тогда Дмитрий Сеземан помог и устроил меня переводчиком в редакцию пропагандистского еженедельника «Новое время», издававшегося на нескольких языках. Я, конечно, согласился, и мы с ним проработали в этом журнале лет пять.

А.К.: По моему личному впечатлению, Вас с Дмитрием Сеземаном объединяет уникальное чисто русское чувство юмора – при всей Вашей жизни масштаба греческой трагедии! Вы оба говорите об этом немножко «свысока», порой с улыбкой и иронией над собственными страданиями... Вы же, наверное, это качество сознаете в себе, но не «эксплуатируете» намеренно. Или эта горькая улыбка над судьбой есть более-менее общая черта «старых русских» в изгнании?

Н.К.: Дмитрий обладал тонким и саркастическим чувством юмора, в котором, конечно, была некая доля цинизма, он часто насмехался над самим собой. Эта ирония была спасительной в тех условиях. При этом он оставался человеком таинственным и закрытым, ирония служила ему неким камуфляжем.

А.К.: Как часто Вы говорили о прошлом: о Вашем и его лагере, о повсеместном страхе, в котором прошла Ваша советская молодость? Что вообще было главной объединяющей силой в вашей дружбе?

Н.К.: Мы были очень близки, невзирая на разницу в возрасте в десять лет, и между нами не было никаких запретных тем для обсуждения. Схожесть наших судеб, общность взглядов только укрепили нашу дружбу. Для меня был большим утешением наш общий антисоветизм, мучительная и постоянная ностальгия, которую мы испытывали по нашему отрочеству в Париже. Невзирая на наше фрондерство против советского режима, в нас всегда жил страх снова оказаться закрытыми в этой системе. Когда мы с ним были вдвоем, мы всегда говорили только по-французски.

После падения Советов, в 90-х, когда стало возможным снова ездить в Россию, Дмитрий колебался. Он так и не поехал, его воспоминания были слишком горькими. Более того, он достаточно скептически относился к подлинности изменений, происходивших в России.

А.К.: Давайте поговорим о фильме «Восток-Запад», в основу сценария которого легли мемуары Вашей матери Нины Алексеевны Кривошеиной, урожденной Мещерской. Вы уже неоднократно говорили о Ваших впечатлениях, а что говорил Дмитрий Сеземан об этом фильме? Как он относился к воспоминаниям Вашей мамы «Четыре трети нашей жизни»?

Н.К.: Дмитрий говорил, что книга «Четыре трети» во много раз лучше, чем фильм. Он очень сожалел, что моя мама не смогла дописать свои воспоминания. Нина Алексеевна поставила условием, чтобы ее книга вышла только после ее смерти – Александр Исаевич Солженицин, который и попросил ее написать эти воспоминания, конечно, согласился. Она скончалась в 1981 году, а в 1984-м книга появилась на русском в ИМКА-Пресс, потом и во французском переводе в издательстве Albin Michel. Дмитрий Сеземан был одним из двух переводчиков книги на французский язык – «Les quatre tiers d'une vie».

А.К.: Должна заметить, что в Вашей книге совсем не упоминается сам Дмитрий Сеземан. Почему так получилось?

Н.К.: Да, действительно, Дмитрий Васильевич отсутствует в моей книге «Дважды француз...», так же как другие близкие мои друзья: Андрей Волконский, Луи Мартинез и Олег Прокофьев. И это, конечно, упущение. Надеюсь наверстать упущенное.

А.К.: Ваша книга натолкнула меня на вопросы о семействе Цветаевых-Эфрон. И первый из них о масонстве в довоенном русском Париже, поскольку Ваш отец был масоном 33 градуса (высшая степень), членом ложи Астрея, которая не отвергает христианства. Насколько явление масонства влияло на общий фон русской эмиграции? Считаете ли Вы вероятным, что Ваш отец мог встречаться с Сергеем Эфроном? (Последний, как известно, вступил в масонство по заданию НКВД.)

Н.К.: Насколько я знаю, мой отец никогда не встречал ни Марину Цветаеву, ни Сергея Эфрона. Мама моя любила стихи Цветаевой и переписывала некоторые в свою тетрадку, которую она вела с 1957 года.

А.К.: Сеземан известен сейчас в России, прежде всего благодаря «Дневникам» Георгия Эфрона, где он упоминался больше, чем кто-либо. И это наше интервью в том числе призвано расширить представление о личности Дмитрия Сеземана. Тем не менее, мы не можем не упомянуть дружбу с Муром... Говорил ли Дмитрий Сеземан с Вами о нем? И если да, то в каком контексте?

Н.К.: Я счастлив, что смог устроить два интервью Дмитрия Васильевича с журналистом Михаилом Соколовым на радио «Свобода». В этих длинных передачах он рассказал о Цветаевой и ее сыне Георгии, который был близким другом Дмитрия. У Сеземана на всю жизнь остались самые яркие воспоминания о Муре. Он им всегда восхищался. Говорил, что Мур быстро понял, что СССР стал для них смертельной ловушкой. Надо вспомнить, что Георгий испытывал к своей матери достаточно отрицательные чувства. Она его обожала, называла его «мой Наполеон». Может мать, переусердствовала в своем обожании сына? Все, кто его знал, отмечали не по возрасту развитость физическую и умственную, среди сверстников он выглядел на три года старше. Погиб в 19 лет на фронте в 1944 году.

***

Никита Кривошеин: В продолжение нашей беседы, я хочу привести отрывок из интервью Михаила Соколова с Сеземаном на радио «Свобода».

М.С.: Дмитрий Васильевич, что Вы почувствовали, когда вышла книга дневников Георгия Эфрона, где Вы присутствуете в качестве уже литературного персонажа? Прошло столько лет – почти 60 лет.

Д.С.: Не почти, а больше 60-ти лет. Мы с ним расстались 63 года тому назад. Вы знаете, до этой книги были разные подготовительные моменты. Во-первых, Болшевский цветаевский музей выпускал какие-то книжечки, где уже фигурировали мы с ним, он без меня, я без него. Затем выходили книжечки «Письма Георгия Эфрона». Потом произошел интересный случай: была такая дама, Анна Саакянц, специалистка по Марине Цветаевой, и она лет 15 назад сюда приехала, мы с ней встретились, и она мне привезла совершенно неожиданный и невообразимый подарок – письмо, написанное мне Муром полвека назад и дошедшее до меня через полвека. Дело в том, что он это письмо оставил своей тетке, чтобы она меня нашла и передала. Никто меня не нашел. Теперь это письмо попало ко мне – это было удивительно.

Вот эта книжечка «Письма Георгия Эфрона», где он посылает своей тёте просьбу найти мой адрес. Дело в том, что в первые дни войны я оказался в Ашхабаде, он оказался еще где-то, и мы не знали, где кто находится. Мур пишет своей тетушке Елизавете Яковлевне (Лиле) Эфрон и говорит о матери, про последствия ее самоубийства и дальше: «Теперь пишу о главном для меня: Лиля, разыщите Митьку Сеземана. Всеми силами старайтесь разузнать, где он, узнайте, в Москве ли он, каков его адрес. Пошлите кого-нибудь из знакомых в ВИФЛИ, может, там знают, где он. Если он в Москве, передайте ему приложенное здесь к нему письмо. Если в Москве нет, узнайте, куда он уехал. Его телефон такой-то. Сделайте все возможное, что в ваших силах, чтобы узнать, где он, что с ним. Он мой единственный друг». Теперь читайте внимательно: «Как только узнаете, где он находится, немедленно шлите мне телеграмму, сообщающую, где он, что с ним, его адрес. Лиля, для меня не жалейте сил – это единственное мое желание».

***

Анна Кузнецова: На нынешний день большинство исследователей уверено, что Мур погиб в белорусской деревне Друйка, где ему поставлен обелиск. В свою очередь, покойная ныне Вероника Лосская в своей книге «Марина Цветаева в жизни» упоминала одного свидетеля послевоенной встречи с возможным Муром в Париже на Place de l'Etoile, когда после оклика «Мур» этот человек оглянулся и моментально исчез... Вы слышали такие разговоры? Допускаете ли Вы лично вероятность, что Мур мог спастись? Знали ли Вы такие случаи, связанные с бывшими воинами Красной Армии?

Никита Кривошеин: Рассказ Лосской об этой встрече в Париже, скорее всего, сущая мифология. Вы серьезно полагаете, что Мур мог попасть в плен и после этого остаться в Европе? Это было нереально. Множество «перемещенных лиц» отказались вернуться в СССР, образовав тем самым остов второй эмиграции. Если бы это было так, то он обязательно проявился среди русской диаспоры. Такую иголку в сене было бы трудно спрятать.

А.К.: Никита Игоревич, я здесь позволю себе рассказать Вам подлинную историю об одной парижанке, которая рассказала мне семейную тайну, что она дочь советского офицера, сумевшего каким-то образом остаться на Западе, женившегося на ее француженке-матери и только перед смертью открывшегося дочери, что она наполовину русская! Он никогда ничем себя не выдал в течение 30 лет! Именно благодаря этой истории я допускаю маленькую вероятность, что с Муром могло произойти что-то подобное... Но вернемся к реалиям, опять же из Вашей книги, краткое замечание о дочери Марины Ивановны Ариадны

Эфрон, что она «была и осталась коммунисткой». Вы лично встречали ее? А Дмитрий Сеземан?

Н.К.: Дмитрий Васильевич Сеземан никогда не хотел встречаться с Ариадной. У меня с ней был единственный разговор, который оставил самое неприятное впечатление. Невзирая на все пережитое, она осталась «верующей» коммунисткой, преданной советской власти.

А.К.: Мне досталось несколько книг, принадлежавших Дмитрию Сеземану, в том числе словарь французского арго, чему я невероятно рада... А что Вам осталось в «наследство», материальное или метафизическое, от Вашего друга?

Н.К.: Рядом со мной всегда его книга «Les confessions d'un meteque », а также фотография, которую я сделал во время нашего Пасхального застолья. Дмитрий мне подарил бронзовое Распятие перед моим отъездом из СССР, я бережно храню его до сих пор. Но самое главное, это память о нашей 46-летней дружбе, она всегда со мной! К сожалению, архивы Дмитрия Васильевича не были ни изучены, ни систематизированы его наследниками. Что с ними стало? Не знаю. Недавно я разговаривал с Иваном Толстым, который сказал мне, что сумел найти записи литературных передач, которые вел Дмитрий на радио «Свобода». У Екатерины (старшей дочери Д.С.) и Ивана Никитича есть идея издать эти передачи в виде книги.

А.В. Кривошеин, глава правительства Юга России, главнокомандующий русской армией генерал П.Н. Врангель, начальник штаба генерал П.Н. Шатилов, 1920, Крым.

Император Николай II в окружении своих министров, правительство 1915 года. А.В. Кривошеин, министр земледелия, стоит второй слева.

THE TSAR AND HIS MINISTERS

Left to right: M. Sazonov, Foreign Minister; M. Krivoshein, Minister of Agriculture; M. Bark, Minister of Finance; General Yanushkevich; General Po[illegible] Prince Shakhovskoy; The Grand Duke Nicholas; The Tsar; M. Goremykin; Count Freedericks.

ПУБЛИЦИСТИКА

«Великий Октябрь – начало новой эры»

Не будем забывать, что Россия до 1917 года была безусловно свободной страной со свободными выборами, со свободой печати, с подлинной свободой совести и верой в Бога. Это была страна, которая соответствовала своей европейской принадлежности, своему европейскому призванию. Но попрание этих свобод, «железный занавес» и уничтожительная человеческая селекция превратили её в «империю зла».

Советский проект был антиселекцией. Чистки по признаку «свой – не свой» начались уже в 1918 году, даже до расстрела государя императора Николая со всей семьей. Ленин это все вдохновлял. Начать – не кончить! Власть Советов стала сажать Бухарина, Рыкова, Ежова и кучу преданных сталинцев, вполне своих, которые кричали, когда их судили и расстреливали: «Да здравствует Сталин!». Очень странное коллективно-суицидальное явление.

В Германии с приходом к власти Гитлера тоже возникла антиселекция, много десятилетий существовало такое понятие, как «лишние люди». Под эту категорию «лишних» попадали у нацистов евреи, католики, коммунисты, марксисты, социал-демократы, интеллигенция и сексуальные меньшинства. И таких людей, чуждых режиму, уничтожали, ссылали и уже до войны сажали в концлагеря.

После нескольких поколений селекции, когда СССР в 1990 году закончился, свобода оказалась сначала как глоток французского шампанского, но скоро, опьянев и не зная, как поступить с этой свободой, ее стали ощущать как неудобоваримую нагрузку.

Книги издавались гигантскими тиражами – это были разные книги, до сих пор неведомые даже интеллигенции, их можно было купить, а не достать в самиздате, как в СССР, но, раскрыв тот же «Архипелаг ГУЛАГ», человек начинал сомневаться (потому что почти в каждой семье были расстрелянные «враги народа»).

Привыкшие жить «пятилетками» по Госплану, люди по всей стране были выброшены на «рынок» выживания в одиночку. После краха СССР им стали объяснять, что это преступники-большевики устроили переворот 1917 года, но коммунисты до сих пор при власти. Раздвоенность сознания – признак шизофрении – сохраняется. Свобода оказалась столь же короткой, как и оттепель 1956-го. Но все-таки десять лет незашоренности, до 2000-го, сформировали новое поколение. Путин поспешил и сразу в 2002 году вернул красный стяг и старый гимн с новыми словами, автором слов оказался все тот же Сергей Михалков. Старая номенклатура, тоскующая по Сталину, назвала девяностые годы «лихими», это клеймо очень понравилось новой власти. Они действительно были лихими, может, потому, что новая Россия попыталась перепрыгнуть через огромную пропасть отставания в 80 лет, отделявшую эту потенциально европейскую страну, превратившуюся в диктатуру пролетариата. Я помню, как в те «лихие» годы в мои приезды в Москву мои друзья-интеллигенты повторяли как мантру: «Через пять лет мы будем жить, как вы в Европе».

Сейчас, оглядываясь назад, я думаю, что дело декоммунизации не было доведено до конца. Тому пример Украина и Молдавия, которые всегда были между жерновами России и Европы, а в годы СССР страдали от подавления и стремились обрести самих себя. Как и в Польше, вера и церковь в этих странах была огромной движущей народной силой. Может быть, события 2014-го (Россия против Украины) – это как запоздалое размежевание? Бескровный выход, казавшийся мне умиротворением, настигает нас страшными карами... Ведь тоталитаризм рождает зло и отмщение, и не будем забывать, что, когда Советы рухнули, было еще очень много живых палачей, которые не только расстрельные списки подписывали, но и напрямую действовали. Они могли мстить. Но, видно, за последние десятилетия ближе к 90-м коррозия коснулась и их, а главное – народ устал и не хотел больше крови и баррикад, потому Советы и пали как карточный домик. Однако палачи затаились и жаждали мщения. Скажу, что несмотря на весь кошмар, эта «империя Зла» была населена огромным количеством хороших людей!

***

Необходимо вернуться к *закавыченному* названию моего выступления – «Октябрь как начало новой эры» – и рассказать о моем деде, Александре Васильевиче Кривошеине.

Дед был царским министром, государственным человеком, в соавторстве с Петром Аркадьевичем Столыпиным они написали замечательную книгу, «Поездка в Сибирь и Поволжье», которая, будучи теоретической программой, одновременно легла в основу аграрной реформы.

Эта аграрная реформа не была доведена до конца. Нужно понимать, почему это произошло. Отчасти в силу известной косности царского окружения и особенно государыни. Факт в том, что если бы она состоялась, то Ленин бы не смог воскликнуть: «Земля крестьянам!», она бы уже была у них. И даже если бы случилась гражданская война, крестьяне бы не поверили ложному ленинскому призыву и исход войны был бы иным.

В Москве мой дед руководил контрреволюционной антибольшевистской организацией «Тактический центр». Сумел при совершенно кинематографических обстоятельствах уйти от ареста большевиками, переодевшись в то, что тогда называлось «крестьянское платье». Он перебрался в Киев, сначала к Деникину (с которым не сошелся), а потом уехал на юг. Аграрную реформу Александр Васильевич продолжил в Крыму, где он почти два года был главой Правительства Юга России у генерала П. Врангеля.

Крымский «исторический миг» прошел под знаком сотрудничества Врангеля и Кривошеина. Они сошлись во взглядах и прекрасно понимали друг друга. Кроме патриотизма их сближал врожденный прагматизм, позволяющий искать правильные решения в обстановке полного развала Белой армии и тыла. Врангель в своих мемуарах писал: «Умный и проницательный А.В. Кривошеин ясно отдавал отчет в ошибочности стратегии главного командования. Человек политики, он готов был искать точные причины провалов и успехов. А.В. Кривошеин не сочувствовал политике главного командования, ставил в вину Деникину отсутствие определенной реальной программы».

Существовавшее с апреля по ноябрь 1920 года Правительство Юга России под началом генерала Петра Врангеля и председательством Александра Кривошеина яростно сопротивлялось натиску Красной армии и пыталось получить поддержку со стороны союзников.

Наконец, «под самый занавес», французский верховный комиссар граф де Мартель вручил 20 октября 1920 года в торжественной обстановке свои верительные грамоты в присутствии А.В. Кривошеина и Б.А. Татищева, исполнявшего обязанности начальника внешних сношений, и сопровождавших его адмирала де Бон и генерала Бруссо.

22 октября, после завтрака, данного адмиралом на броненосце «Прованс» в честь генерала Врангеля и Кривошеина, адмирал выехал в Константинополь и Париж, где он должен был добиваться удовлетворения насущных нужд армии.

Но было поздно: одна губерния не могла воевать с сорока девятью. К тому же силы Белой армии были истощены, «потрясенные жестокими испытаниями войска дрались вяло».

Одно вне сомнения: обстоятельства, сопровождавшие конец Гражданской войны в России, граничили с чудом. Гражданская война знала происшедшие в полном беспорядке, безвластии и панике «эвакуации» Новороссийска и Одессы, и занесенные снегом бесчисленные эшелоны Колчака, но в Крыму эвакуация армии, военных и гражданских управлений и той части населения, которая не захотела там оставаться, осуществилась, несмотря на свои огромные масштабы, в условиях совсем иного порядка.

На корабли погрузилось, не считая судовых команд, 145 693 человека!

11 ноября 1920 года последнее русское правительство под председательством А.В. Кривошеина (несмотря на географическое ограничение – «Юга России», – власть, признаваемая русской общественностью, от умеренно-правых до Милюкова, была действительно общегосударственной) собралось в последний раз. 12 ноября должна была начаться погрузка гражданских и военных управлений на корабли.

Отдав последние распоряжения, Кривошеин выехал в полночь из Севастополя на английском адмиральском крейсере «Кентавр».

«Я просил его переговорить, – пишет генерал Врангель, – с французским верховным комиссаром в Константинополе и заручиться его содействием на случай прибытия нашего в Босфор. Вместе с тем я поручил Александру Васильевичу принять меры к организации помощи имеющим прибыть беженцам, привлекши к работе русские и, если представится возможность, и иностранные общественные силы…»

«У трапа Кривошеина встретил адмирал со штабом; нас провели в салон. Кривошеин спал в салоне одетым. Крейсер шел. Мы оставили Россию, на этот раз надолго».

В эту ночь кончилось «кругосветное путешествие» Александра Васильевича, начавшееся 32 года тому назад, когда всесильный царский министр граф Д.А. Толстой, отправляя безвестного молодого чиновника путешествовать вокруг света, открыл перед ним большую жизненную дорогу…

Те месяцы, которые ему суждено было еще прожить, были скорее медленным умиранием, чем жизнью. Сломленный пережитым, потеряв двух старших сыновей в Добровольческой армии, Кривошеин скончался 28 октября 1921 года в Берлине в возрасте 64 лет.

Пример Витте, Столыпина и Кривошеина показывает, что старый режим умел отбирать людей… К сожалению, он не умел их хранить.

Заграничный паспорт Александра Васильевича Кривошеина (выдан в 1920 году А.В.К. и членам его семьи). На фото А.В. Кривошеин, его супруга Елена Геннадиевна и их младший сын Кирилл.

Письмо генерала Петра Врангеля – Александру Кривошеину

Крейсер «Генерал Корнилов», 29 ноября 1920 г.

Правительство Юга России мною расформировано. Но с Вами, Александр Васильевич, мы дружно работали вместе в Крыму, работаем рука об руку, еще теснее, в эти грозные дни – и будем, я верю, так работать и дальше.

В сложной политической обстановке, не смущаясь партийными нападками справа и слева, мы оба твердо стремились, насколько смогли, к одной цели: разгадать жизненные потребности русского возрождения, прислушиваясь прежде всего к голосу населения и армии, кровью своей жертвовавшей за родину.

Опыт минувших месяцев, сочувственные отклики общественных организаций и прорвавшееся наружу в дни эвакуации общее сожаление всех слоев крымского населения о нашем уходе укрепляют во мне глубокое нравственное убеждение, что в области гражданского управления основная линия поведения взята была нами правильно.

События последних дней переносят временно центр тяжести ближайших задач за пределы внутреннего управления. Помня, как полезна была весенняя поездка Ваша за границу, и горячо благодаря Вас за работу в Константинополе, в только что пережитую неделю, я прошу Вас ехать теперь в Париж, помочь там общему делу.

Как ни тяжело мне будет оставаться здесь без Вашей испытанной поддержки, даже на короткое время, но в интересах дальнейшей борьбы за родину, дорогой Александр Васильевич, надо спешить.

Обнимаю Вас,
П. Врангель

В сборнике «40 лет ВЧК КГБ» есть приговор военного трибунала по «Тактическому центру», Александр Васильевич в нем указан как заочный обвиняемый, который приговаривался к окончательной высылке с территории РСФСР и расстрелу в случае возвращения. Так что в какой-то степени мой отец, добровольно вернувшись в 1947 году, теоретически этот приговор нарушил и как бы «наследственно» был наказан арестом.

Нужно напомнить, что дед пытался устроить побег государя и его семьи при этапировании их из Тобольска в Екатеринбург. Побег не удался. Таких попыток было несколько, я их всех не знаю. Но в память об этом, в благодарность Александру Васильевичу, государыня сумела передать ему медальон с власами преподобного Серафима Саровского. Святой Серафим и поныне остается с нами. Я убежден, что во всех треволнениях и больших бедствиях, которые семья пережила, преподобный Серафим нас хранил.

Господь был милостив к деду, он преставился где-то в конце 1921 года в Берлине, он не увидел всех раздоров, нестроений, ссор и бессилия тогдашней русской эмиграции. И есть свидетельство, это зафиксированное событие, о сказанных им на смертном одре словах: «России предстоят 80 лет мрака, крови и ночей, после чего она возродится и воссияет снова».

Н.К.: *По независящим от меня обстоятельствам 16 октября 2017 г. мне не дана была возможность прочесть это выступление до конца на конференции в Париже, посвященной 100-летию Октябрьской революции. Теперь я восполняю некоторые важные пропущенные куски.*

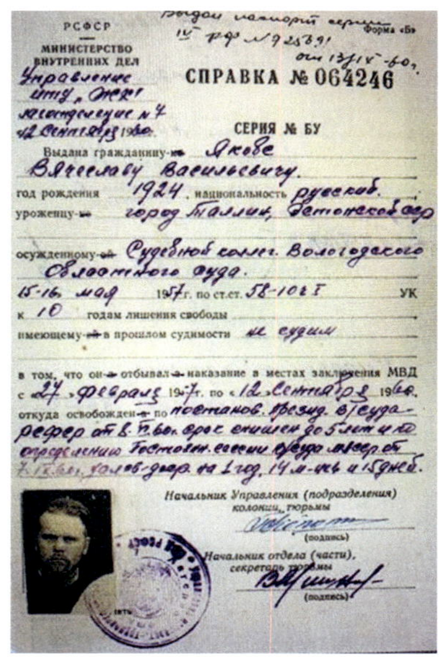

РСФСР

МИНИСТЕРСТВО ВНУТРЕННИХ ДЕЛ

Форма «Б»

Выдан паспорт серии IV-РФ № 925391 от 13/IX-60 г.

СПРАВКА № 064246

Управление

12 сентября 1960

СЕРИЯ № БУ

Выдана гражданину Якобс Вячеславу Васильевичу.

год рождения 1924, национальность русский.

уроженцу город Таллин, Эстонская ССР

осужденному Судебной коллег. Вологодского Областного суда.

15-16 мая 1957 г. по ст.ст. 58-10 ч. I УК

к 10 годам лишения свободы

имеющему в прошлом судимости не судим

в том, что он отбывал наказание в местах заключения МВД с 27 февраля 1957 г. по 12 сентября 1960 г.

откуда освобожден по

Начальник Управления (подразделения) колонии, тюрьмы

(подпись)

Начальник отдела (части), секретарь тюрьмы

(подпись)

Митрополит Корнилий (Якобс) и Никита, Таллин, 2015 г.
Справка об освобождении Якобса из лагеря 12 сентября 1960 г.
Поселок Потьма, Мордовия, лагерь Дубравлаг.

Не стоит зона без праведника – памяти митрополита Корнилия (Якобса), 1924-2018

Своя «Матрёна», свой «луч света в тёмном царстве» наличествовали что в Соловках, что в Дахау, что в Тайшете.

Человеку не по силам смоделировать полновесный Ад, это полномочие было пожаловано Создателем падшему ангелу – до такого умения далеко даже Генриху Гиммлеру или Н.И. Ежову. Тем более И.А. Серову, главчекисту «оттепельных» лет после XX съезда. ГУЛАГ помощнее всякого рентгена помогал своим «постояльцам» увидеть самих себя и узнать ближнего.

Контингент Дубравлага в поселоке Явас, где мне довелось бытовать в конце 50-х, состоял максимум из двух тысяч з/к. Этот состав делился на этносы, поколения, мировоззрения, в коем была и доля настоящих уголовников (сознательно «схлопотавших» политическую статью), военных преступников времён оккупации и небольшой группы бериевских пытателей. Подлинно хороших, совестливых, самоотрешённых людей было много, куда больше, нежели людей, вызывающих отторжение.

В бараках, рабочей зоне, столовой, на прогулках люди группировались по самым пёстрым и часто несовместимым параметрам. Что общего между литовским сопротивленцем, иеговистом, юным ревизионистом или душегубом-белорусом, отправившем собственноручно в лучший мир сотню-другую иудеев? Общения, хотя бы малого, между бессарабским националистом и адвентистом седьмого дня не было никакого. На две тысячи человек представители русской национальности составляли не более одной десятой. Это была некая модель населения СССР, так что общей мерки добра/зла тут ищи-свищи.

Введение это к тому, что 19 апреля 2018 года преставился ко Господу митрополит Эстонский и Таллинский Корнилий (Якобс), он же отец Вячеслав.

У меня в зоне было немало друзей: и украинцев «западников», и франкоязычных, и марксистов. Много было с ними весёлых споров и чаепитий. Велика моя благодарность Небу за то, что «совместил» меня в Явасе с белоэмигрантом из военной дворянской семьи на 9 лет меня старше, священником Вячеславом Якобсом. Меня родители привезли в СССР в 1948-м, а к нему в Таллин Советы нежданно прибыли в 1940-м, оккупировав Эстонию.

Ленинградская духовная семинария, потом академия, рукоположение, первое назначение на приход в Вологду. Там молодой священник Якобс счёл за благо организовать у себя кружок молодых прихожан и вместе читать-обсуждать два раза в неделю Бердяева, Соловьёва и Флоренского. Отцу Вячеславу впаяли десять лет по статье 58–10, агитация и пропаганда!

Нас с ним в лагере породнили и происхождение, и эмигрантское прошлое, и неприятие Советов. В моменты безнадёги только отец Вячеслав умел почти бессловесно взбодрить и утешить. Он меня исповедовал, тайно причащал. Эти воспоминания у меня навсегда живут в душе. Я вышел из зоны раньше него и старался слать ему бандероли. Дружба наша продолжилась и после лагеря, приезжал я к отцу Вячеславу на приход в Нымме, таллиннском пригороде. На протяжении каждого нашего ужина во дворе стояла чёрная «Волга», я уходил, и она меня сопровождала, иногда ГБ пересаживалась в автомобили попроще. Уже в новый Таллин в 2001 году и несколько раз потом мы приезжали к нему вместе с Ксенией. Он нас возил в Пюхтицкий монастырь. А в 2014 году мы ездили к нему на 90-летие. Это была наша последняя встреча.

К отцу Вячеславу на зоне относились все с нескрываемым уважением. И это на фоне герметичных людских группировок: от бывших урок до отрядных надзирателей и начальника режима. Он всегда оставался собой, с кроткой полуулыбкой, небесного цвета взглядом, которого хватало для обращения к нему на «Вы», и никогда грубого, тем более хамского тона.

И эстонские власти, и местные православные его глубоко чтили, любили и в русской Нарве. Владыке Корнилию, отцу Вячеславу – Царствие Небесное, общение с ним было предчувствием Оного.

Газета «Русская мысль», 2018 г.

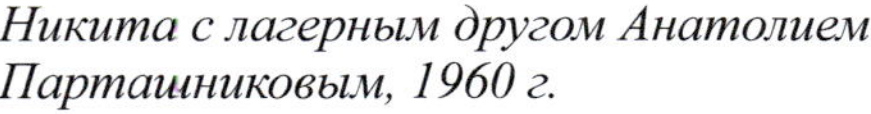

Никита с лагерным другом Анатолием Парташниковым, 1960 г.

Лагерные работы.

Солагерники Валерий Мануйлов («Бычок») и Никита.

Вместе с Люсей Боннэр у нее дома, наша последняя встреча. Москва.

В гостях у Сергея Адамовича Ковалева, Москва.

Опыт сопротивления злу в СССР и России

О противостоянии тоталитаризму в прямом эфире беседуем с писателем и переводчиком, узником советских лагерей в 1957-1960 годах, автором только что опубликованной в России книги «Дважды француз Советского Союза» Никитой Кривошеиным. «Что дает современной России опыт сопротивления советскому тоталитаризму?»

Михаил Соколов[50]*:* Сегодня в нашей московской студии Никита Кривошеин, переводчик, публицист, писатель и мемуарист, автор только что вышедшей в России книги «Дважды француз Советского Союза», он приехал к нам из Парижа на презентацию этой книги. Мы будем говорить, я бы так сказал осторожно, на историко-философские темы.

Дело в том, что Никита Игоревич происходит из замечательной семьи Кривошеиных, дед его был министром земледелия и премьер-министром в правительстве генерала Врангеля в 1920 году, отец участвовал в Белом движении, французский инженер, активный боец французского Сопротивления, который потом вернулся в Советский Союз не совсем по своей воле и оказался в ГУЛАГе.

Сам Никита Игоревич тоже оказался в ГУЛАГе, правда, я бы сказал, в пост-ГУЛАГе – это хрущевский уже период. Я многократно слышал от совсем не безграмотных людей, которые интересуются вроде бы историей, они уве-

---

[50] Ссылка на М. Соколова, см. стр. 62 (ссылка 19).

рены, что репрессии прекратились при Сталине, а снова начались уже при Брежневе году аж в 1968-м.

Нет у Вас объяснения, почему возникла такая дыра? Все закрыл XX съезд?

Никита Кривошеин: Можно одно уточнение? Вы сказали, что отец вернулся не совсем по своей воле. Действительно, он был в числе 24 эмигрантов, принявших советское гражданство в 1946 году после заманного и обманного указа Шверника. Потом началась «холодная война», был закрыт советский репатриационный лагерь под Парижем, куда советская миссия, не стесняясь, свозила физически похищаемых ею людей. И тогда же французское социалистическое правительство, в знак начала «холодной войны», выслало в Восточную Германию 24 эмигранта с советскими паспортами. Посажены были из них более трети, часть в Восточной Германия, а часть в СССР.

Что касается «по своей воле»… У меня было несколько разговоров с отцом об этом. И однажды он мне сказал: «Если бы я дождался ждановских постановлений о журналах «Звезда» и «Ленинград», я никогда бы не поехал». Многие эмигранты, взявшие советское гражданство, в том числе замечательный писатель, переводчик-эмигрант Сергей Самарин, роман которого переведен на русский, Яков Горбов и другие от этого гражданства постепенно отказывались год за годом… Но это было очень непросто.

М.С.: Движение советских патриотов в те годы угасало. А Вы с мамой вернулись уже после этой высылки.

Н.К.: Вскоре. 1 мая 1948 года, что показано в фильме «Восток – Запад», где есть две сущностные ошибки: расстрел [«возвращенцев»] сразу в порту был невозможен, так же как невозможно было вступление репатрианта в «передовой отряд рабочего класса». Репатриант мог даже иметь работу, сделать своего рода карьеру, мог быть успешным осведомителем, но никогда его в «передовой отряд рабочего класса» ни при каких обстоятельствах ради чистоты рядов не взяли бы.

М.С.: То есть в компартию?

Н.К.: Совершенно верно.

М.С.: Вернемся к XX съезду, который якобы «закрыл репрессии» после доклада Хрущева. Тот, кто видит сейчас трансляцию, видит Вашу фотографию на Лубянке.

Н.К.: Это моя единственная фотография, снятая 27 августа. Я был задержан 25 августа 1957 года. Да, такая цензура, такая придуманная амнезия о прекращении посадок и репрессий существует. Но это неправда. Вспомню, что в том поезде, который меня, когда я освободился в 1960-м, вез со станции Потьма на Казанский вокзал, действовала, как всюду, одна из форм шумового ада – невыключаемый громкоговоритель. Я услышал, как мой «тезка» Никита Сергеевич Хрущев, будучи в Индии, сказал: «У нас нет политзаключенных». Потом он это несколько раз повторял, когда ездил с визитами за рубеж. Однако, когда к нему в Баку сумел подойти отец моего солагерника Виктора Трофимова, который был почетным рабочим, и заговорил о посаженном сыне – он подумал и сказал: «Мы умеем сажать не только кукурузу!».

М.С.: И не помогло?

Н.К.: Ничуть. Один случай я знаю, когда обращение к нему помогло, человек уже скончавшийся, большой мой друг Борис Пустынцев, ленинградец, петербуржец. Его отец был одним из конструкторов советского ядерного подводного флота. Его сын получил 10 лет. И когда отец приходил каждые две-три недели на доклад к Хрущеву, он натягивал на себя без усилий маску скорби. Хрущев это заметил: «Что вам не работается? Почему такое настроение?». «Вот, у меня сын получил 10 лет». И Хрущев этот срок Борису споловинил.

М.С.: Гуманизм наполовину. Но тогда не требовали, условно говоря, покаяния, подать заявление генеральному секретарю?

Н.К.: Гуманизм наполовину ради подводной лодки. Нет, в данном случае это прошло. Так что это правда, после Будапешта, а еще в большей степени после VII Всемирного фестиваля молодежи и студентов, прошла волна арестов – и волна немалая. Точной статистики нет. Можно полагать, что взяли около 10 тысяч человек по всей стране. Потом пошли «повторники», то есть люди, выпущенные по так называемой аденауровской амнистии 1955 года, их снова сажали.

Забирали много в Прибалтике, в Грузии, Армении, Средней Азии и, конечно, Украине. В моем лагере на 2000 заключенных было около 200 украинцев. Внутренняя тюрьма КГБ была полна, в мордовские лагеря каждую неделю прибывали солидные этапы. Но это прошло неосвещенным, незамеченным. Потом стали говорить шестидесятники, но начинали вести отсчет от процесса Синявского (1965 года), от подписантства, от петиций. Но там уже была совсем другая публика.

М.С.: Получается, что Вы один из немногих мемуаристов, кто, собственно, заполняет эту историческую лакуну с середины 50-х. В своей книге «Дважды француз Советского Союза» Вы рассказываете о многих замечательных людях, которые оказались в хрущевских лагерях уже в Ваше время. У меня такой вопрос: обо всех ли Вы рассказали, о ком хочется рассказать? Есть ли персонажи, которые в работе?

Н.К.: Эта книга у меня подошла скорее к четвертой трети моей жизни. Конечно, есть многие, о ком еще хотелось бы рассказать, не знаю, получится ли второй сборник. Воспользуюсь случаем, что мы сейчас сидим друг против друга, чтобы выразить Вам огромную благодарность – Вы мой успешный соавтор. В этом сборнике есть запись двух наших бесед, которые благодаря Вам, а также удачному переносу устной речи в письменную получились читаемыми.

М.С.: Спасибо. Давайте ближе к сегодняшнему дню. У нас, конечно, печальное событие – ушел выдающийся режиссер Юрий Любимов, основатель, создатель Театра на Таганке. Никита, Вы уехали из Советского Союза во Францию в 1970 году, Вы застали самый ранний период любимовского Театра на Таганке. Какое было Ваше ощущение, впечатление, может быть, не от художественного творчества, а от общественной роли этого уникального явления?

Н.К.: Я не только застал Театр на Таганке, я был свидетелем его возникновения. Любимов только создал свою труппу, и первой его постановкой был спектакль «Добрый человек из Сезуана» с совсем молодой красавицей Аллой Демидовой. Они его показывали в здании Театра Советской армии. Видимо, я присутствовал на одном из самых первых показов. «Человек из Сезуана» был для меня то, что принято называть культурным шоком и великой надеждой.

М.С.: Это меняло все-таки атмосферу?

Н.К.: Это меняло атмосферу так же, как и книга «Люди. Годы. Жизнь», хотя Эренбург для меня далеко не идеал человека принципов.

М.С.: Забытый ныне Эренбург.

Н.К.: К счастью. В те 60-е всю жизнь изменил «Один день Ивана Денисовича» и еще перепечатанный на машинке Варлам Шаламов. Я застал самое рождение самиздата.

М.С.: А был ли Любимов человеком сопротивления или он был человеком, старавшимся внутри системы что-то изменить, как говорили тогда – пробить?

Н.К.: Может быть. Он великий театрал, он человек огромного пробивного дара. Он собрал для своего дела прекрасное созвездие молодых актеров. Вся труппа жила как единый организм, в котором движущей силой был Любимов. В те времена многое происходило по умолчанию, но Владимир Высоцкий сочинял свои тексты, и молодежь их пела под гитары на кухнях и в электричках. Для интеллигентов кумирами были Галич и Окуджава, так что «Таганка» в этом созвездии оказалась вполне на своем месте.

М.С.: Я хочу об одном сюжете поговорить. В России сохранился сейчас в качестве музея лагерь «Пермь-36», в котором тоже сидели политические заключенные. Я думаю, что режим там не сильно отличался в лучшую или в худшую сторону от лагерей, в которых были Вы?

Н.К.: В худшую. Конечно, в гораздо худшую.

М.С.: Как Вы объясните, как человек, который побывал практически в таком же или схожем заведении в хрущевские времена, чем же оно мешает нынешней власти? Вокруг этого музея сейчас идет очень яркий и характерный конфликт, когда власть хочет, скажем так, повлиять на историческую память, не то чтобы стереть, но как-то отодвинуть ее.

Н.К.: Михаил, я никогда не был на Соловках, только читал о лагере СЛОН, но не так давно разговаривал с русским эмигрантом, который поехал в группе наших прихожан в своего рода паломничество. Он был поражен, что в экспозиции местного музея истории этого страшного места практически отсутствуют фотографии узников (а ведь там погибло много людей, и среди них много известных). Зато присутствуют фотографии чекистов, с подробными биографиями. А сегодня, гуляя по книжным магазинам Москвы, я обнаружил большого формата отрывной календарь на 2015 год, где каждый месяц содержит очень хорошие хвалебные заметки и фото тов. Сталина – и все это в открытой продаже.

М.С.: Сталин с трубкой, такой добрый дядюшка, красавец.

Н.К.: И люди это покупали при мне.

М.С.: Может быть, как дикую экзотику?

Н.К.: Вряд ли. Тоже купив, я обратился к девушке в кассе: «Позвольте спросить, почему вы продаете это дерьмо?» Пожилая дама, стоявшая рядом со мной, которая при этом покупала Хомякова, сказала: «Как вы так говорите? А в Германии есть культ Гитлера». Я сказал: «Нет, нету». – «А в Германии, в Мюнхене, есть пивная, где Гитлер устроил свой путч». Я сказал: «Эта пивная уничтожена более двадцати лет назад». – «Нет, она существует, вы неправы». Вуаля!

М.С.: То есть Сталин для них не Гитлер.

Н.К.: Был XX съезд, культ личности и репрессии – их осудили. Но в России не было подобия Нюрнбергского процесса. Сейчас есть три сакральных преступления, память о которых узаконена, отрицание которых приводит к уголовному наказанию – это геноцид евреев нацистами (холокост), истребление армян турками, и сейчас к такому же коллективному долгу памяти подводится геноцид африканского племени тутси. Говорить, что этого не было – запрещено и это карается законом.

М.С.: Это во Франции, где Вы живете?

Н.К.: Да, в Европе, во многих европейских странах. Но в России, то, что случилось – булгаковский «Бег», поражение Белой армии, потом истребление своего же народа большевиками, – привело к тому, что я обозначаю как автогеноцид русского народа и народов России. Может быть, именно потому, что это автогеноцид, русским хочется изгнать его из памяти и этого не помнить.

М.С.: То есть когда русские убивали русских по условно классовому принципу?

Н.К.: Почему только по классовому? Сначала по классовому, а потом уже и своих, коммунистов...

М.С.: Как врагов народа.

Н.К.: Враги народа появились в середине 30-х… Что касается уничтожения по сословному признаку, то есть великая формулировка академика Вернадского – классовый расизм. А автогеноцид – это то, что ты сделал сам, и это хочется забыть.

М.С.: И жить без покаяния?

Н.К.: И жить без покаяния, без раскаяния, без всего, отключить память.

М.С.: Лет 20 назад произошло что-то вроде покаяния, много чего рассказали, показали. И вдруг оказывается, что через 20 лет все надо рассказывать заново, вырастает молодое поколение с атрофированной исторической памятью, видимо, это хотят закрепить.

Н.К.: Это ужасно. Но я себя утешаю одной схемой, не знаю, насколько она применима. Лет двадцать назад был выработан как бы утешающий термин – «переходный период». Как и когда он начался и с какими падениями и взлетами он проходит для России? Для постсоветского населения этот переходный период начался, видимо, с 5 марта 1953, со смерти Сталина. Сколько он продлится, не мне предсказывать. Нам казалось, что Сталин будет жить долго и устроит нам третью мировую, к которой он готовился. А уж об СССР у нас даже прогнозов не было.

М.К.: И Вы считаете, что этот «переходный период» не закончился, он продолжается?

Н.К.: Не закончился. Мы сейчас продолжаем пребывать в переходном периоде, может быть, его каком-то антрактно-застойном отрезке, но он продолжается. Коммунисты оживились, демократическо-либеральные силы в стране пытаются сопротивляться, но их давят, лидеров сажают, дают непомерные сроки. Общество «Мемориал» существует, но в массе своей народ об этом движении не знает, а о Зюганове и Жириновском знают все.

М.С.: Но это даже не застой, а в значительной степени реставрация.

Н.К.: Можно и так сказать. Ленин сказал: «Шаг вперед, два шага назад», добавлю – застойное топтание на месте.

М.С.: В сюжете о пермском лагере (о желании власти его закрыть), который мы только что посмотрели, было два страшных обвинения в адрес музея, что они не скрывали одну тему, пытались ее объяснить – это так называемые фашисты, которые сидели здесь. В Вашем мордовском, наверное, тоже сидели?

Н.К.: В изобилии, причем настоящие.

М.С.: Те, которые своими руками загоняли в ямы и стреляли? В вашей книге есть рассказ о таком человеке.

Н.К.: Да, их было очень много. Об одном из них по фамилии Жуков я написал.

М.С.: Который убивал детей и женщин, а потом сказал: «Ну что ж, это война».

Н.К.: Совершенно верно. Таких было очень много из украинцев, белорусов, немало русских из Смоленской области, из оккупированных западных областей.

М.С.: У них было объяснение своему поведению?

Н.К.: Они не могли его сформулировать. Но корни этого поведения для меня очевидны – это подростковая память того, как происходила коллективизация 1929-1931 годов, как у них на глазах полдеревни НКВД вывозил, как депортировали, расстреливали, отнимали скот, хлеб.

Коллективизация, убийство крестьян – это было началом конца страны. Тогда они были детьми, подростками, но действия НКВД на них произвели огромное впечатление, многие из их близких заплатили жизнью и свободой. И во время оккупации, под немцами, они перешли на их сторону и решили рассчитаться.

М.С.: То есть они воспроизвели поведение своих гонителей, только наоборот? А бандеровцы, которые тоже были в лагерях, украинское национальное сопротивление?

Н.К.: Их было очень много из ОУН УПА[51], в большом количестве по первым срокам и по вторым срокам. У меня с ними близких отношений не было, они держали себя кучно между собой, плохого за ними в лагерном поведении я никогда не замечал. Мне запомнилось, как они по вечерам красиво пели, особенно в церковные праздники. У них поразительный дар полифонического многоголосия. Сидел со мной, я о нем вспоминаю, молодой человек, единственный, который в нашей зоне был по статье 58-12 – «недонесение о заведомо известных или готовящихся государственных преступлениях». Парню было 14 лет, когда где-то на Львовщине у него на глазах целая группа УПА убила не местного, а присланного секретаря райкома партии. После 1939-1940 годов, даже если он был украинец, его не воспринимали как своего. Подросток это видел, но молчал. Со временем

[51] Украинская повстанческая армия, сокращённо УПА – подпольная украинская военная организация в период Второй мировой войны. Действовала с весны 1943 года. Своей главной задачей УПА декларировала подготовку мощного восстания, которое должно начаться в благоприятный для того момент времени, когда СССР и Германия истощат друг друга в кровопролитной войне, а затем создание самостоятельного единого украинского государства, которое должно было включать в себя все этнические украинские земли. Кроме украинцев, которых было подавляющее большинство, в составе УПА воевали прибалты, евреи, русские и представители других национальностей.

следствием было установлено, что он знал об убийстве. Он получил 5 лет за «знал, да не сказал».

М.С.: Никита, Вы связываете сегодняшнее тяготение Украины, значительной ее части, к Европе, а также достаточно отчаянное сопротивление украинцев попыткам оторвать от их страны какую-то часть, что теперь обернулось войной в Донбассе, с наличием сопротивления, которое было в конце Второй мировой войны и после нее и длилось почти десятилетие?

Н.К.: Да, конечно. Эта война в Западной Украине, если я не ошибаюсь, длилась приблизительно до 1951-1952 года.

М.С.: Последних лидеров арестовали в 1953 году.

Н.К.: Я это воспринимаю с великой грустью, ведь внутрисемейные, межсоседские ненависти и ссоры страшнее, чем дальние ссоры. Тем более это межхристианский конфликт. Могу сказать словами митрополита Онуфрия, местоблюстителя Киевской кафедры, что «Христос по обе стороны плачет».

М.С.: Да, но иногда одна сторона больше виновата, чем другая. В конце концов, Украина не отрывала от России каких-то территорий, не вводила туда людей с оружием и так далее.

Н.К.: Нет, не отрывала. Но этот компаунд Украины, вы лучше моего знаете, состоит как минимум из трех плохо пришитых друг к другу частей. Их сшивал Ленин, Сталин продолжил, Хрущев отдал Крым Украине.

М.С.: Кому-то в России хочется их разорвать, так получается?

Н.К.: И кому-то внутри Украины, может быть, хочется отделиться от России. Можно сказать только, что это ужасно. Этот нас удручает. Не будем забывать, что во многом это конфликт между православными странами. Я сейчас приехал из Парижа, где за несколько дней, я уже со счета сбился, «исламское государство» зарезало нескольких европейцев. По сравнению с тем, что грозит всем нам – конфликт межцивилизационный (не межконфессиональный и внутрихристианский), когда возрастает угроза исламизма – если этот конфликт разовьется, то украинский покажется дракой во время школьной переменки.

М.С.: К сожалению, в украинском конфликте произошли и зверства, и разнообразные тяжкие военные преступления. Тут уж, знаете, некоторым злодеям, к сожалению, можно посоревноваться с «исламским государством».

Н.К.: К сожалению.

М.С.: Хотел Вас спросить: как Вы восприняли сегодня эту дискуссию, если можно назвать ее дискуссией, вокруг Александра Исаевича Солженицына, когда некий публицист и редактор «Литературной газеты» господин Юрий Поляков поставил вопрос о том, чтобы «ГУЛАГ» убрать из школьной программы? Кстати, некоторые его поддержали. Есть такой игумен Филипп, завкафедрой Истории церкви в МГУ, который стал говорить о том, что «Архипелаг ГУЛАГ» не годится для школы, поскольку там есть прямые ошибки и неверная информация, что он писался в советское время и по мемуарам.

Н.К.: Можно вернуться к тому, что мы говорили о коллективной памяти, об автогеноциде. Музей «Пермь-36» закрыть не так уж трудно, но его все-таки не закрыли. Александра Исаевича, которому и яд кололи в ногу, и который чудом (это установлено как медицинское чудо) избавился от страшного рака, и которого лагерь не погубил, и изгнание оставило самим собой – думаю, что «закрыть Архипелаг» кишка тонка. Все будет зависеть, от того, как пойдет «переходный период» в России.

М.С.: Ваш батюшка Игорь Александрович[52] с ним сидел в одной шарашке в Марфино? Как им это вспоминалось потом?

Н.К.: Да, в Марфино, совершенно верно, с ними сидел и папин друг Лев Копелев (ставший Рубиным в романе А.И.С. «В круге первом»), и сидел Панин (персонаж Сологдин). У моего папы под матрасом в квартире лежала рукопись «Архипелага», он ее хранил по просьбе одного из персонажей-«невидимок» Александра Угримова. Был риск для жизни. А что касается Копелева (Рубина), которого я очень любил, он был хороший человек. Но на шарашке, когда у папы был день рождения, по-моему, в 1951-м или в 1952 году, он ничего умнее не нашел, как подарить ему два томика Ленина на французском языке. Копелев потом разошелся в дружбе с Солженицыным, а папа Льва Зиновьевича навещал в Кёльне, и тот к нам в Париж приезжал.

М.С.: Я так помню по вашей книге, что и с вами уже в лагере сидели в значительной степени не столько антисоветчики, сколько ревизионисты, поклонники югославского пути, какого-то еще пути, гуманного социализма.

Н.К.: Они напридумывали гуманный социализм с человеческим лицом, начитались Карделя, раннего Ленина и позднего Маркса. Все они кончили за проволокой, за очень немногими исключениями. Кончили так, как Бухарин, восклицавший «Да здравствует Сталин!», когда его вели

---

52 Игорь Александрович Кривошеин – офицер Белой армии, инженер, участник Сопротивления нацизму, узник Бухенвальда. Игорь Александрович Кривошеин был выслан из Франции в 1947 году в СССР как член руководства Союза советских граждан. В 1949 году был арестован в Ульяновске, приговорен к 10 годам заключения и с 1949 находился в «Марфинской шарашке», а затем в ГУЛАГе. Освобожден в 1954 году. Никита Игоревич Кривошеин был арестован в 1957 году за публикацию в газете «Le Mond» письма с протестом против советский интервенции в Венгрию. Осужден к 3 годам лагерей, отбыл этот срок в Дубравлаге (Мордовия). Эмигрировал из СССР во Францию в 1970 г., его родители – в 1974 г., Нина Алексеевна Кривошеина – автор книги мемуаров «Четыре трети нашей жизни».

на расстрел. Они не смогли освободиться от завороженности и силы ленинизма.

М.С.: А с чем Вы связываете эту силу ленинизма?

Н.К.: Николай Бердяев поставил точный диагноз: коммунизм – новая религия. В нем есть все признаки— это строительство земного рая, земного счастья, но методом не спасения души через покаяние и осознание добра и зла через Евангелие. Коммунизм не требует совершенства личности, он дает рецепт, как создать рай на земле, освободившись от церкви и Бога. От такого быстрого достижения цели трудно отказаться. Уничтожив храм и веру, большевики для агностиков и троцкистов придумали дорожную карту в виде «Краткого курса ВКП(б)», она вполне заменяла катехизис и длинные пасхальные посты. Сколько сидело со мной этих коммунистов! У Солженицына «В круге первом» есть троцкист Тимофеев, который отсидел два срока по 10 лет и в «оттепель» оставался уже не троцкистом и не сталинцем, но верующим коммунистом.

М.С.: Я бы сказал, что в современной России коммунизм претерпевает некоторую интересную эволюцию – он соединяется с русским национализмом.

Н.К.: И не только с русским национализмом. Мне этого не хочется говорить, но зачем скрывать, мне было больно, когда я увидел, что Святейший патриарх Кирилл награждает Орденом дружбы первого секретаря Центрального комитета Коммунистической партии Российской Федерации Геннадия Зюганова, мое сердце обливалось слезами.

М.С.: Но не кровью? То есть я чувствую, Вы простили патриарха? Это был какой-то компромисс?

Н.К.: Надо, чтобы патриарх меня прощал.

М.С.: А как Вы воспринимаете такую сегодняшнюю идеологему, как «русский мир», что существует «особый путь» России, некая возможность восстановления империи в том или ином виде?

Н.К.: Воспринимаю как опасное болезненное возрождение идей XIX века, как идеи Третьего Рима – щит Олега на вратах Царьграда. Это опасный рецидив мессианского русского сознания. Достоевский говорил, что русский народ и русское сознание унаследовали мессианство от ветхозаветного народа. Но ведь это не так, и никакого собственного русского бога у России быть не может. Я считаю, что после краха Советов у русского народа есть призвание стать, и пусть это произойдет, составной органичной частью европейской цивилизации. Но есть ли это желание у церкви и президента?

М.С.: Критик Вам скажет: хочет ли европейская цивилизация, чтобы русский народ стал ее частью сегодня, увидев все, что мы видим?

Н.К.: Кто воскликнул: Россия от Атлантики до Урала?! Кто, приезжая в Москву, говорил один раз из вежливости Советский Союз, а потом только исключительно Россия? Генерал де Голль! Европа всегда воспринимала Россию как свой дальний последний рубеж.

М.С.: Значительная часть сегодняшних руководителей России отталкивают Европу, они закрывают страну. Вы же видите, как Владимир Путин транслирует все время туда свои обиды. Как эти обиды на фоне реальных действий России воспринимаются в Париже? Вы же с обычными французами тоже общаетесь?

Н.К.: Мне это прискорбно. Вникнуть в этот крымско-украинский гордиев узел простому французу очень трудно. В основном их реакция при возникновении этой темы заключается в просьбе объяснить и рассказать.

М.С.: А интеллектуалы, которые знают Россию?

Н.К.: Интеллектуалы тоже разные. Можно с удручением сказать, что Национальный фронт во главе с Марин Ле Пен целиком занимает сейчас сторону нынешней российской администрации.

М.С.: То есть они вместо компартии теперь?

Н.К.: По-своему да, но они как крайние силы во многом схожи. А часть того, что называется «недобитое сословие русского дворянства во Франции», переживает рецидив настроений 1946 года, ей кажется, что снова идет эта единая неделимая реставрация. Многие из них взяли русские паспорта, вошли в комитеты «Соотечественников».

М.С.: То есть они благодарны Владимиру Путину?

Н.К.: Они считают, что идет монархическая реставрация.

М.С.: И Путин будет новым царем? Они что-то говорят на эту тему?

Н.К.: Я не знаю, царем ли. Они говорят, что процесс в высшей степени положительный и понятие «русского мира» им очень близко.

М.С.: Несмотря на то, что они в Европе?

Н.К.: Увы, да, несмотря на то, что они в Европе, и главное, несмотря на то, что сейчас не 1946 год. Они, я думаю, в своем третьем поколении об этом и не знают или им так выгоднее думать. Вот мне было бы очень забавно их услышать, если бы мы с ними оказались в Ульяновске 48-го.

М.С.: Нам звонит слушатель, Александр из Москвы, пожалуйста, ваш вопрос.

Слушатель: Здравствуйте. У меня вопрос такой: Высоцкий, Цой, Тальков являются ли в какой-то степени диссидентами творческой интеллигенции своего времени? Случайна или естественна их смерть, была ли она подстроена спецслужбами?

М.С.: Александр, мы про подстроенную спецслужбами

операцию точно не сможем сказать, ни я, ни Никита Игоревич. А вот про Высоцкого, считаете ли Вы его русским интеллигентом, который выражал настроения той эпохи?

Н.К.: Он замечательная личность, полностью принадлежащая во всем объеме этого понятия «переходному периоду». Я уже говорил об этом явлении русских бардов в стране Советов. Конечно, они выражали настроения тех лет застоя и во многом сыграли важную роль в жизни советских людей. Стал пропадать страх.

М.С.: Вот еще вопрос: как Вы относитесь к тому «ленинопаду», как его называют, который произошел на Украине? Опять же много споров, и некоторые деятели православия, например, говорят, что и не нужно, пусть идолы стоят, в конце концов, свержение идолов не помогает выбору правильного пути.

Н.К.: Почему бы им не перечесть десять заповедей, где очень просто сказано: «не сотвори себе кумира»? Я вчера возвращался из Нового Иерусалима, увидел посеребренного Ленина с очень ухоженной у его ног клумбой, и мне это было отвратительно. Жаль, что в России, по всей стране, люди ходят по улицам Ленина и Свердлова, да и вся топонимика остается прежней.

М.С.: Надо радоваться, что в конце концов Хрущев убрал памятники Сталину с улиц.

Н.К.: Не скажите – вот он на календаре.

М.С.: Но он все-таки на продажу, а не от государства, уже хорошо. Это некоторый прогресс, как Вы скажете, переходного периода.

Н.К.: А я читал, что на каких-то территориях предприятий в Сибири маленький бюст Иосифа Виссарионовича был бесшумно поставлен. Я иногда читаю сайт «Русская народная линия», там сплошь православные сталинисты.

М.С.: Я Вам сочувствую.

Н.К.: И правильно делаете. Тут надо много противоядия. Уверен, что они мечтают и о больших статуях.

М.С.: Есть попытки даже соединить Сталина с православием.

Н.К.: Это не попытки – это 1943 год, это встреча Сталина с тремя митрополитами и возрождение Русской церкви. На это я могу очень просто ответить, хотя боюсь, что мой ответ может шокировать Вас и слушателей, но это простой исторический факт, не более того. В 1940 году на всю территорию бывшего СССР, скажите мне, сколько насчитывалось епископов на кафедре?

М.С.: Кажется, три.

Н.К.: Четыре. Четыре епископа на кафедре на огромную страну. Выходящий журнал «Безбожник», «красные Пасхи», не мне Вам рассказывать. И в 1943 году Сталин вызвал этих епископов, принял решение и мгновенно восстановил церковь. Вот простой исторический факт, и я не боюсь об этом напомнить. Пусть некоторые люди огорчатся, но это факт: Божий промысел непостижим. На занятых вермахтом территориях стали открываться церкви, закрытые Сталиным. Люди во время войны были счастливы, что могут пойти помолиться. По сути Гитлер спас русскую православную церковь.

М.С.: Это когда Гитлер разрешил свободное служение, и Сталину пришлось реагировать?

Н.К.: Совершенно верно!

М.С.: Тут больше ничего и не скажешь, пожалуй. Хочу Вас спросить еще об одной истории, которая мне кажется важной. Ваш дед все-таки был крупным государственным деятелем России, министром земледелия, входил в то правительство России, которое было в 1914 году и, собственно, приняло решение с государем-императором об участии в войне. Я понимаю, что Вы наверняка изучали мемуары, то, что писал Ваш дед. Есть ли параллели между событиями 14-го, когда Россия Николая втянулась в войну за Сербию, попала в мировую войну и пришла к катастрофе, и сегодняшним днем, когда Россия втянулась в войну с Украиной за юго-востоке страны, попала в противостояние с Западом и, может быть, идет к экономической катастрофе? Что дальше будет, мы не знаем.

Н.К.: Мне очень трудно на это ответить. Для этого требуются и аналогии, и экстраполяции. Я отвечу только одной своей любимой фразой, сказанной великим Бисмарком: «Курица истории не высиживает тех яиц, которые под нее подкладывают». Для этого надо быть футурологом, хорошие футурологи могут стать миллионерами, я бы хотел им быть.

М.С.: Понимаете, я просто вижу, что когда вдруг после очень долгой паузы заговорили о ядерном противостоянии, это наводит на мысль о тех временах, когда Вы были в лагере, а некоторые, кто сидел с Вами, мечтали о том, что наконец начнется третья мировая война.

Н.К.: Более того, в сталинское время, это мой отец рассказывал, очень многие сидевшие, не коммунисты, конечно, говорили: «Лучше ужасный конец, чем ужас без конца».

М.С.: То есть они были готовы?

Н.К.: Да, они были готовы. Потом были сложены куплеты: «А теперь сидим мы на Лубянке и лелеем надежду одну, чтобы наши спасители-янки развязали скорее войну». Это звучит шокирующе, но это был крик отчаяния людей, посаженных ни за что. Я шокирую Ваших слушателей?

М.С.: Ничего, они люди привычные. На Ваш взгляд, каковы все-таки возможности реального сопротивления тоталитарному или очень жестко авторитарному режиму? Вы видели в этой зоне в Мордовии и реальных подпольщиков, и авторов каких-то листовок, и членов разных кружков, и просто анекдотчиков, болтунов, которые туда попали, они у Вас в книге описаны. Действительно, что реально можно противопоставить государственной системе, которая так укрепляется?

Н.К.: Рецептура очень простая, абсолютно действенная, сформулирована Александром Исаевичем и выражена в четырех словах его знаменитого текста, названного «Жить не по лжи».

М.С.: Я помню, опять же из Вашего текста, что католическому священнику Станиславу Кишкису[53], с которым Вы сидели, очень не понравился Ваш план для зарабатывания денег переводить всякую чепуху для советских журналов.

Н.К.: Не чепуху, а ложь.

М.С.: Я мягко сказал. Хорошо, ложь для советских журналов, чтобы, по крайней мере, быть независимым от этой системы, где надо на собрания ходить и публично участвовать во лжи. Зарабатывать людям как-то надо, а государство их втягивает в неправедные дела.

Н.К.: Не только я, а покойный Дмитрий Васильевич Сеземан, замечательный человек, автор очень хороших книг, не только он, но и покойный Михаил Рыгалов, глубоко верующий православный человек, – все мы ради бытовой свободы и чечевичной похлебки поддались политической проституции и зарабатывали на лжи. Единственное смягчающее обстоятельство, для нас самих, было то, что в этом потоке пропаганды и лжи не было ни одного нашего собственного слова. Мы это между собой обсуждали.

М.С.: То есть Вы занимались в это время переводами. Но Вам удалось уехать во Францию, другие остались, кто-то пошел в лагерь, кто-то пошел на компромисс. Все-таки како-

---

[53] Отец Станислав Кишкис, (chanoine lituanien Stanislas Kiskis) католический каноник. О нем рассказ Н.И. Кривошеина «Блаженный Августин» в книге «Дважды француз Советского Союза».

ва степень компромисса, который возможен, на Ваш взгляд, с нынешним режимом, который все более и более становится неприемлемым для человека интеллигентного и думающего?

Н.К.: Вы ко мне обращаетесь, называя меня «Никита», и правильно обращаетесь, но ваши вопросы звучат так, будто Вы обращаетесь к некоему *гуру*.

М.С.: Вы меня намного старше и видели то, что я не видел, и многие слушатели не видели.

Н.К.: То, что я пошел на эти переводы, у меня поныне свербит. Я видал много людей внутренне несчастливых из-за того, что дозировка компромисса была им не по мерке. Многих она покрыла коррозией, разъела совесть.

М.С.: Если вернуться к вопросу о сопротивлении, те люди, которые создали какой-то кружок, расклеили листовки или в то время как человек, который на демонстрации выкрикнул лозунг «Долой Хрущева!» не в очень трезвом состоянии, – потом они сожалели о содеянном или у них оставалось чувство, что они все сделали правильно?

Н.К.: Вот этот человек, о котором я пишу – поэт Михаил Красильников, – он 7 ноября 1956 года кричал на Дворцовой площади зычным голосом: «Да здравствует свободная Латвия! Да здравствует свободная Россия! Долой Хрущева и коммунистов!». Он, конечно, сделал это сознательно и знал, на что идет.

Есть замечательные показания полковника охраны: «Когда я услышал в толпе демонстрантов кого-то, выкрикивающего антисоветский лозунг «Да здравствует свободная Россия!», я немедленно принял меры к его задержанию». Так было написано в протоколе. Так вот, из этих людей я не знаю почти никого сожалевшего, раскаявшегося в своих действиях. Я не говорю о марксистах, и то они не жалели, наверное. Поскольку мордовские лагеря оказались кузницей кадров будущего человекоправного сопротивленческого движения.

Великий поэт Владислав Ходасевич говорил: «Пушкин научил нас аукаться и откликаться» – так и в мордовских лагерях люди обрели связи, дружбу с единомышленниками, встретили *нормальных* людей, вакцинированных от советской идеологии, сохранивших способность думать и анализировать действительность социалистического «рая на земле» в отдельно взятой стране.

М.С.: То есть в каком-то смысле режим сделал ошибку? И в каком-то смысле это помогло через недолгое время создаться и оформиться диссидентскому движению?

Н.К.: Колоссальную ошибку, сведя в одно место тех, которых не надо было соединять друг с другом. Я сказал бы, что посаженные в те 50-е – это была кузница кадров будущего сопротивленческого движения.

М.С.: Мне просто кажется, что сегодня режим хотя и не повторяет некоторые ошибки, но диссидентское движение снова создается вместо политического, вот в чем дело. Нет у Вас такого ощущения?

Н.К.: Мне трудно говорить о диссидентском движении, но вот я, например, очень люблю читать издание «Ежедневный журнал», я для него написал несколько заметок и даже статей. Теперь я не могу это делать. Журнал закрыли – это очень прискорбно и неумно.

М.С.: Возвращаются времена цензуры, мы это видим. Люди не знают, что делать.

Н.К.: Я не знаю, возвращаются ли времена цензуры. Надеюсь, что нет. В Москве я заходил в книжные магазины, могу сказать, что издается огромное количество книг, вполне сравнимо с Европой, но, наверное, во Франции нет такого разнообразия, и по качеству, и по плюралистичности. Недоступность «Ежедневного журнала» – это и неумно, и печально.

М.С.: Похоже, Никита, что Вы советуете вместо того, чтобы смотреть телевизор, который теперь зомбоящиком называют, читать книги, пока они есть.

Н.К.: И конечно, «Ежедневный журнал».

Радио «Свобода», 2014 г. Москва.

Никита в гостях у Александра Даниэля и Арсения Рогинского в Правозащитном центре «Мемориал», 2001, Москва.

Встреча лагерников в доме у покойного Виктора Трофимова: Люся Трофимова, Геля Чешкова (Энгельсина Маркизова, в детстве получила большую известность после встречи 27 января 1936 г. со Сталиным, фото стало символом «счастливого детства), Марат Чешков, Ирина Емельянова (Козовая), Николай Обушенков , Никита и Ксения Кривошеины, 2001г., Москва.

Экстренный выпуск

РУССКИЕ НОВОСТИ

Les Nouvelles Russes

№ 58-bis
22 JUIN 1946

Выходит по пятницам · Tous les vendredis

PRIX DU NUMERO 5 frs

Rédacteur en chef A. Stoupnitzky

Советское правительство особым указом дает эмигрантам во Франции возможность восстановить их связь с Родиной

Акт 14 июня

УКАЗ
Президиума Верховного Совета СССР

О восстановлении в гражданстве СССР подданных бывшей Российской Империи, а также лиц, утративших советское гражданство, проживающих на территории Франции.

ПИСЬМО ПОСЛА СССР, А. Е. Богомолова

Авторитетное разъяснение

ОТКЛИКИ В РУССКОМ ПАРИЖЕ

Первая полоса газеты «Русские новости» (Париж)

Ксения и Никита:
«Мы не в изгнании,
мы в послании…»

Первая полоса газеты «Русские новости» (Париж) с текстом Указа от 14 июня 1946 г.

Неперемолотые эмигранты. Ехать или не ехать..?

Воротишься на родину. Ну что ж.
Гляди вокруг, кому еще ты нужен,
кому теперь в друзья ты попадешь?
Иосиф Бродский

Никита и Ксения Кривошеины

Ксения К.: С начала 1990-х появилась наука «эмигрантология». После падения Советов произошел настоящий прорыв в сознании. Люди перестали бояться, заинтересовались прошлым страны, своей семьи, расстрелянными родственниками и теми, кто оказался за рубежом. Девиз, брошенный в эмиграции: «Мы не в изгнании, мы в послании...» – можно понимать по-разному.

Несколько философских пароходов, отправленных Лениным вон из страны, наполненных замечательными русскими писателями, философами, учеными и другими людьми интеллигентных профессий, спасли этих людей от уничтожения на родине и принесли культурное преумножение Европе.

Но что значит «быть в послании»? Что значит «быть в изгнании?» Эти вопросы ведь никогда не возникали до красного Октября. Русских *мигрантов* в Европе, Азии и

Америке всегда было много, и ни один приезжавший погулять летом в Ниццу по Promenade des Anglais не думал, что он *эмигрант или невозвращенец*. Тютчев, Достоевский, Вячеслав Иванов, Зинаида Гиппиус, Дмитрий Мережковский, Иван Тургенев… месяцами жили в Европе. Путешественники годами колесили по свету, возвращались домой и продолжали пить чай у своего самовара. Россия была богата не только землями, но и сословиями, а потому берегла свою демографию. Быть неугодным в собственной стране стало обычным делом с 1917-го. С 1990-х все вроде стало выправляться, но после 24 февраля 2022 года Россия опять ввергласъ в новый исход и бег!

Ехать или не ехать? Этот вопрос мы задавали себе с Никитой летом 2019-го, после того как получили приглашение в Москву на открытие Музея эмиграции. Наши глаза, уши и седьмое чувство подсказывали, что ехать не надо, удовольствия будет мало, а оглядываться по сторонам и зашивать свой рот – противно. События, предшествовавшие этим сомнениям, ускорялись: 2014 год – Крым, 2015 – убийство Бориса Немцова, разгон мирных демонстраций, аресты, запрет неугодных журналистов… и это было только начало. Тучи сгущались над обществом «Мемориал», Музеем им. академика Сахарова, Радио «Свобода» и «Эхо Москвы», а реестры и списки «иностранных агентов» уже исправно пополнялись Минюстом. Первый «звоночек», что все идет вспять, прозвенел для нас в 2017 году в Париже на конференции, посвященной «100-летию Октябрьской Революции». Никиту, как известного представителя русской диаспоры, пригласили рассказать о своем понимании этого путча, о роли в событиях и значении его деда Александра Васильевича Кривошеина.

Он вышел на сцену, вынул текст доклада, начал. По прошествии 15 минут сидевший на сцене в президиуме А.К. Орлов, посол РФ, произнес, обращаясь к Никите: «Говорите по существу, не отвлекайтесь от темы». Выступление таким образом было скомкано. Теперь, семь лет спустя, можно прочитать в этой книге то, что не удалось сказать тогда.

Так вот, на семейном совете мы решили, что в Москву в 2019-м я полечу одна. То, что это было правильное решение, я поняла почти сразу по прибытии. На протяжении пяти дней прекрасно организованной встречи с эмигрантами со всех концов мира нас тепло принимали и вкусно кормили, а официальные представители МИДа, РПЦ и городских властей говорили со сцены о трагедии русского «бега», о сохранении памяти, о патриотизме, о церкви, о «русском мире» и о том, что Крым опять «наш». Мне стало понятно, как правильно, что Никиты здесь нет и что он не выступал, иначе повторилось бы как в 2017-м.

В один из свободных вечеров я была приглашена к нашим друзьям, за столом было невесело. Взрослый сын-студент пошел меня провожать и внезапно сказал: «Я хочу отсюда уехать, родители пока не знают». Вечером из гостиницы я говорила по телефону с Никитой, и мы как в советские времена (боясь прослушки) обсуждали только погоду.

В первые дни начала войны 2022 года этот молодой человек вместе со своей подругой сумел перебраться в Финляндию, а его уже немолодые родители улетели в Армению. По последней статистике, на Западе оказался почти 1 миллион граждан РФ.

Как жаль, что во Франции так и не появился музей русской эмиграции, где были бы сосредоточены архивы и артефакты. Попытки делались, но не увенчались успехом. Несколько рассредоточенных и плохо систематизированных центров все-таки существует (Казачий музей под Парижем в городе Аньер, Русский старческий дом в Сент-Женевьев-де-Буа и архивы РСХД); остальное нужно искать у коллекционеров и на аукционах. Есть книжный магазин ИМКА и при нем небольшой русский центр им. А.И. Солженицына (это как бы представительство Дома русского зарубежья в Москве).

Неожиданная и дерзкая идея возникла у Александра Исаевича еще до его возвращения в Москву в 1994-м. Первым директором центра и верным помощником стал Виктор Александрович Москвин. Помещение нашли на Радищевской улице, рядом с Театром на Таганке. В 1997-м, когда мы пришли знакомиться с сотрудниками, ДРЗ занимал две маленьких комнаты, но в 1999-м, уже в просторном зале, проходила презентация второго издания книги Нины Алексеевны Кривошеиной «Четыре трети нашей жизни». Вечер открывала Наталья Дмитриевна Солженицына[54].

Теперь ДРЗ вырос до трех корпусов с библиотекой, книжным магазином, огромным архивом, музеем и конференц-залами. Архивы Кривошеинской семьи тоже нашли здесь свое пристанище. Очень не хочется, чтобы это важное место постигла участь музея им. А.Д. Сахарова и «Мемориала».

Эмиграция – тяжелое бремя, русская не исключение.

---

[54] Наталия Дмитриевна Солженицына (род. 1939, Москва) – российский общественный деятель. Мать четырех детей. Вдова и ближайшая помощница писателя Александра Исаевича Солженицына. Президент созданного в Цюрихе «Русского общественного фонда помощи преследуемым и их семьям» (РОФ), более известного как Фонд Солженицына (в 1992 году Фонд перенёс свою деятельность в Москву). Редактор-составитель выходящего с 2007 года 30-томного собрания сочинений Солженицына. Член Попечительского совета по возрождению Соловецкой обители, Попечительского совета фонда поддержки социальных инноваций «Вольное дело», Совета Фонда «Увековечения памяти жертв политических репрессий».

Ярлыки «предатели родины, невозвращенцы» из ленинско-сталинско-хрущевско-брежневского СССР. Тяжело слышать эти слова сейчас. Они и тогда были несправедливы, а теперь тем паче. Люди уезжали не по своей воле, спасая жизни; десятилетиями на пяти континентах русские, как могли, сохраняли самих себя. Ради чего? Этот вопрос волнует эмигрантологов до сих пор. Ностальгия, наивные мечты о конце Советов, надежда на возвращение? Время шло, сидение на чемоданах затягивалось, Ленина сменил Сталин, началась и закончилась война, а СССР продолжал жить своей подневольной жизнью. В эмиграции выросло третье поколение *первой волны*, многие уже не знали русского языка и, когда умирали старики, выбрасывали на помойки непонятные бумажки. Возможность когда-нибудь передать свой культурный опыт на родине для эмигранта была равносильна мечте о полете на Луну.

У Александра Исаевича много текстов посвящено сбережению народа. Ленин и Сталин выкосили этот народ под корень. Кажется, 2024 год объявлен в России «годом семьи»? А патриарх Кирилл призывает запретить аборты?

Как можно заставить человека уехать или вернуться?! У Советов был большой опыт отлавливания перемещенных лиц с 1939 года.

Среди тех, кто вернулся в СССР (после Указа 1946 г.) была семья Кривошеиных. Точных цифр нет, но таких людей было около трех тысяч. Их заманили в ловушку, их опыт оказался никому не нужным, большинство из них было сослано, посажено и расстреляно – их *добровольное* возвращение оказалось трагедией.

Никита К.: Не надо призывать возвращаться эмигрировавших людей. Когда-то люди отправлялись в обратный путь, в «реэмиграцию», по разным причинам: кто по экономическим соображениям, кто по духовно- политическим.

Реэмиграцию можно сравнить с ситуацией в семье, когда пара развелась, а потом опять сошлась. Редко бывает так, что повторный брак с тем же человеком оказался удачным. Так и репатриация. Для власти в 1946 году это была удачная пропагандистская кампания, придуманная Сталиным и построенная на культе ностальгии.

Цветаева этой ностальгии поддалась и закончила свои дни ужасно в Елабуге. Не надо призывать людей к возврату! Если ампутация была, то не всегда последующая пересадка будет удачной. Тем более что каждая страна, скажем, каждая европейская страна очень сильна наличием у неё большой диаспоры.

Возьмите в качестве примера послевоенную немецкую диаспору в латиноамериканских странах. Она оказалась формирующей. Кроме того, Латинская Америка прирастала испанской и португальской эмиграциями. Возьмите пример ирландской диаспоры. Ведь с нее начинаются Соединённые Штаты! Английские и украинские диаспоры в Канаде... Так и русская эмиграция своим присутствием в Европе, в Соединённых Штатах, в Латинской Америке была полезна не только тем, что «мы в послании». Возникающее взаимодействие и взаимопроникновение, как кибернетическая обратная связь, влияют на приютившую страну. Русские в Париже, Берлине, Праге, Белграде – повсюду – оставили яркий культурно-политический след. Кладбища-мемориалы русским тому свидетельство!

По выражению Дзержинского, «недобитое сословие» страдало ностальгией, а потому «мы это учтем на будущее». Но вот что писал Максим Горький[55] незадолго до возвращения в СССР Ромену Роллану:

«Дело в том, что жена Ленина, человек по природе неумный, страдающий базедовой болезнью и, значит, едва ли нормальный психически, составила индекс контрреволюционных книг и приказала изъять их из библиотек. Старуха считает такими книгами труды Платона, Декарта, Канта, Шопенгауэра, Спенсера, Маха, Евангелие, Талмуд, Коран, книги Ипполита Тэна, В. Джемса, Гефдинга, Карлейля, Метерлинка, Ницше, О. Мирбо, Л. Толстого и еще несколько десятков таких же «контрреволюционных» сочинений.

Лично для меня, человека, который всем лучшим своим обязан книгам и который любит их едва ли не больше, чем людей, для меня – это хуже всего, что я испытал в жизни, и позорнее всего, испытанного когда-либо Россией. Несколько дней я прожил в состоянии человека, готового верить тем, кто утверждает, что мы возвращаемся к мрачнейшим годам средневековья. У меня возникло желание отказаться от русского подданства, заявив Москве, что я не могу быть гражданином страны, где законодательствуют сумасшедшие бабы. Вероятно, это было бы встречено смехом и, конечно, ничего не поправило бы» (М.Г.)

Не правда ли напоминает кое-какие годы, в которые мы уже жили, совершенно карикатурно, как у Зощенко, и мы опять наступаем на те же грабли!

Ксения К.: Возврат эмиграции в 1990-е годы в Россию не увенчался успехом. Советские люди *третьей волны* (1970-1981 гг.) в массе своей были политической и религиозной

[55] Цитата из писем Горького (1909, 1924 гг.) по изданию: М. Горький Полн. собр. соч. Письма Т. 7, М. 2001, Т. 14, 2009. В 1929 году Горький вернулся в СССР. В июне на теплоходе «Глеб Бокий», перевозившем заключенных, писатель приезжал в Соловецкий лагерь. Эту поездку он позже описал в очерке «Соловки».

эмиграцией (большинство в США и Израиль). К 90-м появились люди, желающие выехать скорее по экономическим соображениям. Страна лежала в руинах, и многим захотелось жить лучше. Но Россия менялась, и *четвёртая волна* оказалось в некотором замешательстве – ехать или не ехать?

Потомков диаспоры всех «волн» президент Борис Ельцин пригласил на прием в посольство РФ в Париже. «Недобитое сословие» не переступало этот порог после обеда с Молотовым в 1946 году. Нам звонили друзья и с удивлением спрашивали: «Мы получили по почте на очень красивой бумаге приглашение на прием на улицу Гренель. Это не шутка?» Нет, это была не шутка. Личные официальные приглашения посетить и даже вернуться насовсем, с обещанием возвращения гражданства, получили сотни знаменитых изгоев всех сословий. А.И. Солженицын поставил условием, что он вернется, когда в России выйдет «Архипелаг ГУЛАГ». Книгу издали большим тиражом. Нобелевский лауреат покинул Вермонт и проделал путь от Камчатки до Москвы.

Страх проходил, Россия обретала человеческое лицо.

Они никогда не думали, что смогут вернуться в родные места. Им было любопытно. Съездили – быстро вернулись, не все решились на реэмиграцию. Малая часть увлеченных включилась в кипящую общественно-политическую жизнь. Даже покойный Владимир Буковский, знаменитый правозащитник, поехал в Россию с желанием баллотироваться на должность президента. Страна открывалась и интересные, обнадеживающие «лихие девяностые», в хорошем смысле, поменяли атмосферу (скажем) на *нормальную*. Казалось, что в два прыжка Россия преодолеет 80 лет изоляции. Пресса, телевидение, театры, кино, международные конференции, открытые семинары, издание запрещенной литературы… которая в СССР была только в самиздате. Русские стали посещать Париж и Лондон, а мы – довольно регулярно приезжать в Москву и Петербург.

По мере приближения 2000-х многое стало меняться, и волна возвращенческих настроений пошла на спад. После «крымской кампании» те, кто работал и приобрел недвижимость, уже подумывали об отъезде обратно в страны своего первого убежища. Это был возврат «к себе», в стабильную и надежную Европу. Задуманная Б.Н. Ельциным реэмиграция затормозилась и дала трещину при В.В. Путине.

Я думаю, если бы не было красного террора и советской власти, то, вероятно, Россия была бы теперь супердержавой с мощной элитой и многое пошло бы в мире по другому сценарию! Небольшая передышка, надежда… и опять страна движется к изоляции.

Никита К.: После открытия музея Русского зарубежья в 2019 г., на которое я не поехал, Ксения мне рассказала, что в экспозиции отсутствует раздел о русских, вернувшихся в 1946 году в СССР. О русских в рядах Сопротивления тоже очень бедное и не глубокое представление. Наша семья передала большой архив, в котором широко представлено Сопротивление во Франции и документы, рассказывающие о судьбах русских, вернувшихся в СССР по призыву Сталина. Большинство этих людей было арестовано. Среди них был мой отец Игорь Кривошеин, его друг и соратник по Сопротивлению А.А. Угримов и многие другие. Причина отсутствия и умолчания такой важной главы в Музее, может быть только одна: нежелание рассказывать русским людям правду о том, каким образом русские эмигранты поддались на коварную советскую пропаганду, вернулись на родину и вместо обещаний «неба в алмазах», получили зарешеченные окна на Лубянке и искалеченные жизни. Рассказывать об этом в России необходимо потому, что по призыву Солженицына нужно «жить не по лжи». Мы задали дирекции и сотрудникам вопрос об отсутствии этой важной страницы в музее. Получили ответ: «Устраивать разделы в экспозиции музея по историческому принципу было поручено специалистам. Мы их пригласили со стороны, а сами только предоставляли фотографии, документы и артефакты...» Так что знаменитое выражение «хранить вечно» – увы, опять, в который раз в России, укладывается в принцип умолчания правды.

Можно вспомнить о том, как товарищ Сталин, который был человеком совсем не глупым, не любил русскую диаспору. Ведь он сам в молодости был эмигрантом. Этим он и вдохновлялся в своей гениальной пропагандистской послевоенной кампании.

По его приказу во Франции физически отлавливали перемещенных лиц и помещали в транзитные/репатриационные лагеря Борегар. Этой «работой» по вылавливанию занимались сотрудники советской военной миссии, а ловили они русских людей, вывезенных немцами на работы в Германию, которые не хотели возвращаться после войны в СССР. Тогда же Сталин издал указ от 14 июня 1946 года о так называемой амнистии белых эмигрантов. Он понимал, что в послевоенной конъюнктуре активная, думающая, действующая белая эмиграция была бы ему не в пользу. Особенно те её представители, кто оставался на Западе. И он гениально сумел обезглавить её этим указом, с помощью пропаганды добившись *добровольного* возвращения нескольких тысяч человек.

Я утешаю себя тем, что эти возвращенцы из «недобитого сословия» в сталинском СССР оставили после себя некий след. К сожалению, мало кто из них выжил.

Несмотря на их жизнь в запуганности и терроре в Ульяновске, Тамбове, Новосибирске, Казани, Саратове, которые были основными городами сосредоточения репатриантов, их образ жизни, общение с людьми запомнились советским людям, которые прикоснулись к *другим* русским.

В начале 90-х нас с Ксенией приглашали на первый конгресс «Соотечественников» в Москве, но мы тогда не поехали, потому что посчитали, что это была попытка продолжения политической эксплуатации диаспоры.

Потом «Соотечественники» дали ростки в Париже, но и тут мы с Ксенией к этим *заманкам* никогда не приближались. Возвращение русских в 1946 и 1956 годах можно сравнить с довоенной политикой Германии. Простите за сравнение, но, будучи у власти, национал– социалисты широко опирались, по всему миру, на свою германскую диаспору.

Когда Советы обрушились после десятилетий коммунистической диктатуры, я спрашивал себя: чем это событие обернется для страны и народа? Будет ли это инфаркт-инсульт, после которого можно бросить курить, начать бегать и выздороветь. Либо прошлое страны будет иметь последствия онкологического заболевания с глубокими метастазами, и, как его ни лечи, ничего не поможет, страну будет не возродить. Ведь страна десятилетиями жила в двух эмиграциях: в выехавшей и в собственной, внутренней, эмиграции. И вот эта внутренняя эмиграция, которая выжила в стране Советов, оказалась лечебной и чудодейственно-плодотворной. А диаспора заграницей стала ей большим подспорьем…

Увы, я так думал до февраля 2022 года. Война все отбросила и перечеркнула надежды.

2023 год, Испания.

Встреча Патриарха Алексия II с президентом Франции Николя Саркози, рядом стоят Парижский кардинал Роже Эчегарай и Никита Кривошеин. Париж, октябрь 2007 г.

Не сотвори себе кумира

Никита Кривошеин о позиции официальной РПЦ относительно войны в Украине

Многие верующие не только в Русской Православной Церкви Московского Патриархата, но и в Зарубежной Церкви с начала 1980-х годов ждали перемен.

Хрущевские гонения, брежневский застой и приход к власти М.С. Горбачева подготовили определенный психологический фон. В Зарубежной Церкви (Русская Православная Церковь заграницей, РПЦЗ) духовенство и верующие надеялись на освобождение Церкви на родине. В 1981 году прошел исторический Архиерейский Собор РПЦЗ, который заложил основу почитания Новомучеников российских – принявших мученическую кончину за Христа или подвергшихся гонениям после революции 1917 года. В 1988-м благодаря горбачевской перестройке в СССР отпраздновали 1000-летие Крещения Руси. А в 1989-м Русская церковь прославила в сонме святых, замученных и убитых большевиками, патриарха Тихона. В 1990-2000-м прошли небывалые события – прославление в России новомучеников и исповедников, пострадавших за веру в безбожном СССР. Для Зарубежной Церкви это было знаком, что государство и Церковь в России осознают преступления Советов. Именно тогда возникла надежда, что молитвы мучеников XX века укрепят православных в единстве, что наступит день, когда Русская церковь, разделенная в результате 1917 года на три ветви (РПЦ, РПЦЗ и Архиепископия с центром в Париже) сумеют найти путь к сближению, восстановить полноту братского общения.

Путь был не простым, но в 2007 году РПЦ и РПЦЗ это единство восстановили, а в 2019 присоединилась и Парижская Архиепископия. Многострадальный путь объединения закончился торжеством православия. Русская диаспора за рубежом и в России могла совершать совместные литургии.

Мой дядя Архиепископ Брюссельский и Бельгийский Василий (Кривошеин) уповал на это воссоединение. Увы, он скончался в 1985 году, не дожив до полного триумфа. Советская власть принесла на землю много страданий и слез. Ни я, ни моя супруга Ксения никогда не думали о такой великой победе Церкви над злом.

СССР закончился, и какие бы надежды ни питал на его возврат президент Путин – этот паноптикум не вернуть. Мы были в годы Перестройки очарованы и потрясены происходящим. Сейчас это может показаться странным: как люди, пережившие столько горя, еще сохраняли надежду… Слова «никогда не говори никогда» вернулись и к нам. Начиная с 2004-го, мы с Ксенией стали на путь активного освещения в СМИ событий в церковной жизни. Наш французский сайт/блог *«Поговорим о православии/* Parlons d'Orthodoxie» каждый день приносил франкоязычным читателям новости со всего мира. Мы печатали в переводах не только жития Новомучеников и православные новости, но и тексты православных писателей и публицистов XX века, интервью, рецензии на книжные новинки, репортажи с культурных мероприятий, конференций и видео.

Мы радовались, что можем принести пользу, донести до наших читателей (а их тысячи со всего света) настоящее свободное церковное слово. Наш сайт никогда не был официальным органом РПЦ. Мы всегда работали на добровольной основе и ни копейки не получали за наш труд. Почти пятнадцать лет открытая и свободная деятельность Parlons d'Orthodoxie очень нравилась Московской Патриархии и ОВЦС.

Эта гармония длилась до 24 февраля 2022 года, когда ситуация резко изменилась. Все ждали слов патриарха Кирилла. Его слова было важно услышать не только в России, но и диаспоре на Западе. Конечно, в этой ситуации многие вспоминали святого патриарха Тихона, который в 1918-м сразу выступил в защиту верующих и осудил действия Ленина и большевиков. На то были основания: Ленин в феврале 1918 г. утвердил «Декрет об отделении церкви от государства и школы от церкви», начались массовые репрессии против священников, монахов и активных прихожан. Патриарх Тихон тогда резко дистанцировался от власти Советов, эта мужественная позиция привела его к смерти.

Но, увы, патриарх Кирилл полностью поддержал начатую РФ войну с братской православной Украиной. Эта позиция была большим шоком и оплеухой не только для миллионов верующих – она нанесла огромный урон проделанному церковью пути. В начале 90-х патриарх Алексий II (который был человеком советской формации) вызывал доверие и находил поддержку верующих в том числе благодаря тому, что он осуждал революцию 1917, гражданскую войну с ее массовыми убийствами верующих, сталинский террор и хрущевские гонения на церковь. Эта позиция обратила к вере миллионы советских людей, многие из которых никогда не переступали порог храма.

В 2022-м, после открытых заявлений о взятом курсе РПЦ «за войну, а не за мир», сразу появились недоумения, причем как в России, так и в диаспоре. Нам стали писать, а мы публиковать на сайте коллективные открытые письма священников, прихожан, православных писателей и государственных деятелей против войны. Со своей стороны 27 февраля мы обратились с письмом к митрополитам Антонию (Севрюку) и Илариону (Алфееву). Мы просили Патриарха Кирилла «вернуть в ножны меч, поднятый русским войском под знаменами св. Александра Невского на украинский братский народ. Ведь в купели св. Владимира в Киеве крестили Русь». Ответ пришел довольно быстро. Нам было сказано, что наша позиция не совпадает с генеральной линией РПЦ и нам нужно немедленно закрыть свой сайт или прекратить печатать «полемические» материалы.

Нет, сайт мы не закрыли. Благодаря помощи единомышленников нам удалось сохранить архив сайта и продолжить свою деятельность под тем же названием.

Хочется отметить, что в занятой официальной РПЦ позиции удивляет нелогичность действий. Сразу встает вопрос: патриарх Кирилл действительно верит, что война, начатая президентом Путиным, это война для защиты России от неких «украинских нацистов» и НАТО? С этим насквозь лживым пропагандистским нарративом не согласен украинский митрополит Онуфрий и многие тысячи верующих украинцев. По этому же пути уже идут православные церкви Латвии, Литвы и Молдовы. Патриарха отказываются поминать на литургиях даже в некоторых храмах Московского Патриархата, а там, где продолжают возносить его имя, люди уходят в другие приходы. Все, что было собрано и воссоздано в последние десятилетия, разваливается.

Нелогичность поведения РПЦ и в том, что во время предвыборных госкампаний церковь всегда очень резко и негативно, вплоть до наказаний, выступала против активного участия своего священства в политической жизни. Проявление гражданской позиции осуждается и незамедлительно карается, если это идет вразрез с официальным кремлевским трендом. Но после начала войны священников, выступающих «за мир во всем мире», стали наказывать, а тех, кто «за бомбы и пушки» – поощрять.

С патриархом Кириллом не согласны Вселенский патриарх Варфоломей и папа Римский Франциск (который непрерывно стучится в его дверь с просьбой «поговорить по душам»). Но еще есть время и можно все исправить, можно даже войти в собор Новомучеников и исповедников – нужно только встать на защиту верующих, осудить эту бойню в Украине и постараться спасти своих русских парней, которых бросают в топку войны тысячами. Бойню жестокую, в которой победит, конечно, Украина, поскольку она защищает свою землю от агрессии. Именно так победил когда-то СССР в войне 1941-1945 гг. Тогда на защиту от Гитлера встала вместе с русскими вся Западная коалиция, это была война против страшного мирового зла, вряд ли бы Сталин победил в одиночку. Странно, и как бы зеркально – сегодня Украине в этой войне тоже помогает Запад и весь свободный демократический мир.

Не так давно французское центральное телевидение показало интервью с Д.А. Медведевым (бывшим президентом РФ). Задавались разные вопросы, ответы этого человека были всем заранее известны. Все одно и то же бу-бу-бу, «наше дело правое, мы победим», но в конце он вдруг стал пророчествовать и толковать Апокалипсис: «Вот смотрите, уже очередную печать снял Ангел, и всадник на коне проскакал, а это может означать, что наступит скоро конец света. Как знать, конечно, нам не очень хочется, но, может быть, случится атомный финал». Вероятно, в свободном пересказе это надо понимать так: если Запад не «одумается» и Украина не согласится на капитуляцию перед путинской Россией, то мы «жахнем» атомной бомбой.

Тайна толкования Апокалипсиса до сих пор загадка, только Господь Бог да еще автор текста св. Иоанн Богослов могут приоткрыть завесу пророчества. Не так давно, патриарх Кирилл тоже удивил. Во время награждения физика Радия Илькаева орденом преподобного Сергия Радонежского I степени патриарх с амвона заявил, что Россия осталась свободной благодаря ядерному оружию, созданному «под покровом преподобного Серафима Саровского. Потому что по неизреченному Божьему Промыслу это оружие создавалось в обители преподобного Серафима».

Ну а что же Церковь? За 2000 лет Церковь пережила разделения, религиозные войны, страдания, взлеты и падения. Церковь – живой организм, в котором всегда будет Господь Бог. Мы молимся Ему, и Он никогда нас не оставит и не предаст. Патриархи приходят и уходят, но какая слава остается в народе от их дел – это уже зависит от самих Святейших отцов, а Бог им на добром пути только в помощь.

Париж, сентябрь 2022.

P.S. Протоиерей Андрей Кордочкин, который за последнее время, с момента начала войны с Украиной, много и глубоко освещает события в РПЦ, говорит: «Современное „Z-славие“ очень четко делит мир на своих и чужих, друзей и врагов, а христианство все это ломает! Господь не учит тому, чего сам не исполняет. И когда Он говорит, что нужно любить своих врагов, Он и сам ни одного человека не называет своим врагом. Христос ни с кем и ни с чем не борется. Но для тех людей, которые боятся потерять власть (политическую или религиозную), – для них Он представляет опасность. Когда родился младенец Иисус, царь Ирод узнал о Его рождении. Ему стало страшно, что он потеряет власть и он приказывает убить без разбора множество младенцев. В самом конце пути Христа Понтий Пилат дает согласие на Его казнь, чтобы показать лояльность императору: „Если отпустишь Его, ты не друг кесарю; ты противник кесарю!" Люди верные кесарю требуют казни Христа. Они Его боятся и кричат: „Нет у нас царя, кроме кесаря!" О критериях добра и зла, кроме пользы для государства, эти люди не думают. От страха перед правдой они выбирают „наименьшее зло" – разбойника Варраву.

В тоталитарных системах власть часто присваивает понятие патриотизма. Но ведь инакомыслящие тоже считают себя патриотами и готовы платить за свои взгляды высокую цену. Мне очень интересны судьбы православных людей, связанных с Сопротивлением, и ставшими новомучениками в результате их борьбы с национал-социализмом в период 1940-1945. Среди них мать Мария (Скобцова) и участник „Белой розы" Александр Шморель. Их икон не найти в русских храмах, а в храме Вооруженных Сил и подавно. Почему? Потому что их жизнь и подвиг говорят нам, что зло может принимать „официальные" формы и не всегда человек должен быть на стороне своего государства. Более того, сопротивление злу может вменяться в праведность и даже в святость. Этот пример для современной России слишком опасен!».

Отрывок из интервью «Новой Газете»
«Никто не должен бояться», 6 января 2024 г.

Никита Игоревич Кривошеин поддерживает «Мемориал».

Война и мир – утраченные иллюзии

В конце 2021 года Россия во главе с президентом Путиным выдвинула свободному Западу неприемлемый ультиматум, который сводился практически к капитуляции.

Было ясно, что ни НАТО, ни Европа, ни США, ни прочие страны никогда не пойдут на условия, выдвинутые РФ. Зачем понадобилось президенту Путину заводить взаимные и достаточно уравновешенные международные отношения в тупик? Знал ли он заранее, что положительного ответа на этот ультиматум не последует? Если да, то это могло означать, что он уже был готов напасть на Украину и, может быть, на весь свободный мир. Или в очередной раз надежда его была на слабость, ссору и раздрай в *стане коллективного Запада*? И конечно, тут был расчет на зависимость Европы от русской нефти и газа! Ничего исключать нельзя, потому как в 2014-м, после захвата Крыма, президента Путина немножко на Западе пожурили за проделки и простили. А президент Макрон принимал его как царя в Версальском дворце!

Но никто не собирался и не собирается воевать с Россией. Запад самодостаточен, и новых земель ему не нужно. Все требования 2021 года привели к совершенно противоположным результатам: после начала войны Европа как никогда объединилась, сумела полностью отказаться от газонефтяной зависимости, сблизилась с США, а нейтральные страны Финляндия и Швеция объявили о желании присоединиться к НАТО.

24 февраля 2022 года я подумал, что для России это может стать не просто большим испытанием, каким были войны в Афганистане и в Чечне с многотысячными жертвами, а привести к расчленению страны по многим параметрам. Запад неплохо осведомлен об экономической зависимости РФ во многих промышленных отраслях. Но Путин и его советники не ожидали, что санкции будут введены столь дружно и масштабно. Президент Макрон очень старался уговорить Путина одуматься и закончить начатое… но амбиции «великодержавности» помешали российскому президенту усмирить свою гордыню. Русские «мальчики» убивают украинское мирное население, которое якобы сплошь состоит из нацистов. Боюсь, война будет долгой, и когда она закончится – никто не знает.

Мне трудно говорить за всех потомков эмигрантов *первой* волны во Франции, но я знаю, что немалое число людей с громкими фамилиями и титулами находятся на стороне Владимира Путина, проклинают Европу и США, называя их жителей геями, безбожниками и раскольниками. Тем, кто на стороне Украины, лепят ярлыки *продажных подстилок*. После полутора лет войны, гигантских потерь и неспособности русской армии захватить за 3 дня Киев, может быть, настроения в диаспоре поменялись? Кто знает… Некоторые ее представители в последние десятилетия взяли русское гражданство, получили хорошие должности в России, а их дети делают карьеру в советах директоров крупных корпораций, таких как Газпром и прочие.

Я не могу прогнозировать, как будут разворачиваться события. Но повторяю, что начало этой авантюры совершенно бессмысленно. Надо быть слепым или плохо осведомленным, чтобы начать войну в условиях, когда от санкций, введенных Западом, полетела полностью экономика, которая на 80% зависела от западных технологий. Начинать войну можно, когда просчитаны десятки ходов вперед и за тобой сильный тыл. Вот Китай с сильнейшей экономикой такую глупую войну никогда бы не начал. Очень хотелось бы, чтобы русский президент убавил свои амбиции, перестал шантажировать атомной бомбой, зерном, атомными станциями, заложниками из мирного населения и сохранил бы генофонд своей страны, который сократился за последние ковидные два года почти на 1,5 миллиона человек. А на войне уже убито около 100 тысяч воинов русской армии.

Я не желаю разгрома России, я желаю главе государства и его окружению образумиться и оглянуться не столько на «русский мир», сколько на «мир во всем мире». Я призываю оставить в покое Украину, перестать враждовать с Западом, который никогда не точил ножи против русских. Нужно научится говорить и договариваться, но не языком ультиматумов и угроз, а языком дипломатии. Украина в этой войне не выйдет побежденной, а Россия может потерять себя на долгие десятилетия и остаться наедине с такими странами, как Китай, Северная Корея и Иран.

На наших глазах происходит агония окончательного исчезновения Советского Союза. Месть – очень плохой советчик, она приводит к ненависти. На долгие десятилетия многие русские, переформатированные этой войной, будут жить в постоянном желании убивать и мстить. Непонятно только, за кого мстить? За развалившийся СССР, за то, что доллар и евро сильнее рубля или что рядом сосед, который думает иначе?

Эклектичную тоталитарную идеологию, насаждаемую сейчас в РФ на официальном уровне, некоторые комментаторы определяют как «советско-имперский фашизм».

Я с этим вполне согласен. Но это началось давно, еще в 70-е годы прошлого века. Существовало такое общество «Память», соединявшее идеологию большевизма и имперскости «великой и неделимой» России с антисемитским душком и церковно-квасным прикидом. Теперь это идеология Проханова, Дугина, православного олигарха Малофеева, Никиты Михалкова и им подобных… Жалко Россию.

Задаюсь вопросом: какой же наиболее реалистический сценарий будущего России на ближайшие годы и десятилетия?

Я не ясновидящая Ванга. Если война продлится еще год, то экономика России может сильно пойти на спад. Помощи ей ждать будет не от кого. Побежденных не спасают, а стараются только добивать сзади. Китай не будет дружить с падающим в яму, а только подталкивать в неё, делая вид, что дружит.

Что можно посоветовать и пожелать миллионам россиян, не приемлющим путинский режим и развязанную им войну, тем, кто покинул страну после 24 февраля, и особенно тем, кто по разным причинам остается сейчас в России?

Скажу так: не терять надежды на собственные силы. У каждого должен быть свой путь – и у тех, кто остается в России, и у тех, кто покинул ее.

Н. И. Кривошеин, 2023 год, Париж.

Об авторе

Никита Игоревич Кривошеин (родился 6 июля 1934 г. в Париже) – синхронный переводчик в международных организациях ООН, ЮНЕСКО, ОБСЕ и Совета Европы; писатель, общественный и политический деятель русской эмиграции. В 1947 году оказывается вместе с родителями в СССР. Семья русских дворян-эмигрантов сразу по прибытии была направлена Переселенческим управлением в Ульяновск.

С 1950 по 1953 год Никита Кривошеин работал токарем на заводе в Ульяновске, окончил школу рабочей молодежи. В 1957-м получил диплом Московского института иностранных языков.

В августе 1957 года был арестован КГБ за опубликованную в газете «Le Monde» статью о вторжении советских войск в Венгрию. Осуждён по статье 58 (ч. 10) УК РСФСР, «антисоветская пропаганда и агитация». Отбывал наказание в Дубравлаге, работал на пилораме, на погрузочных работах. После освобождения с 1961 по 1970 годы работал письменным и синхронным переводчиком. В 1970-м вернулся во Францию, проживает в Париже. Автор многочисленных публицистических работ и книги воспоминаний «Дважды француз Советского Союза».

Содержание